AF342914

BIBLIOTHÈQUE DES PARENTS ET DES MAITRES
PUBLIÉE SOUS LA DIRECTION DE M. PAUL CROUZET
Honorée d'une souscription du Ministère de l'Instruction publique.

IV

Pour
La Vie familiale

CONFÉRENCES FAITES A L'ÉCOLE DES MÈRES

PAR

MM. Émile BOUTROUX, membre de l'Institut.
E. CHEYSSON, membre de l'Institut.
Gabriel COMPAYRÉ, membre de l'Institut.
DARLU, inspecteur général de l'Instruction publique.
André LICHTENBERGER, directeur-adjoint du Musée social.
Paulin MALAPERT, professeur au lycée Louis-le-Grand.
Mme Augusta MOLL-WEISS, directrice-fondatrice de l'École des Mères.
MM. Frédéric PASSY, membre de l'Institut.
Charles WAGNER.

TOULOUSE
ÉDOUARD PRIVAT
ÉDITEUR
RUE DES ARTS, 14

PARIS
HENRI DIDIER
ÉDITEUR
RUE DE LA SORBONNE, 6

1909

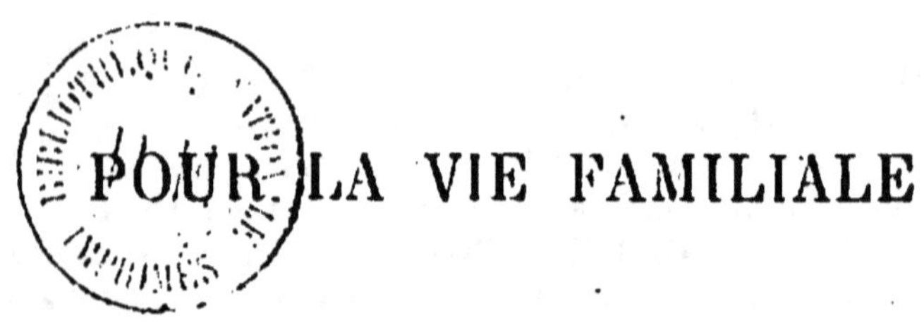

POUR LA VIE FAMILIALE

Pour
La Vie familiale

CONFÉRENCES FAITES A L'ÉCOLE DES MÈRES

PAR

MM. Émile BOUTROUX, membre de l'Institut.
E. CHEYSSON, membre de l'Institut.
Gabriel COMPAYRÉ, membre de l'Institut.
DARLU, inspecteur général de l'Instruction publique.
André LICHTENBERGER, directeur-adjoint du Musée social.
Paulin MALAPERT, professeur au lycée Louis-le-Grand.
Mme Augusta MOLL-WEISS, directrice-fondatrice de l'École des Mères.
MM. Frédéric PASSY, membre de l'Institut.
Charles WAGNER.

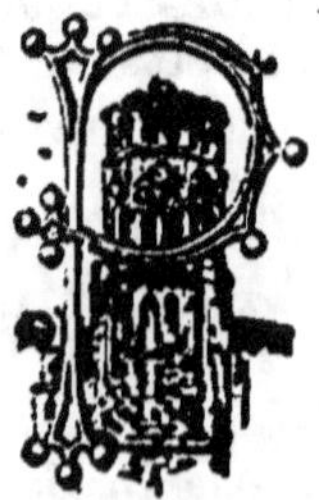

TOULOUSE
ÉDOUARD PRIVAT
ÉDITEUR
RUE DES ARTS, 14

PARIS
HENRI DIDIER
ÉDITEUR
RUE DE LA SORBONNE, 6

1909

Le Directeur et les Éditeurs de la Bibliothèque des Parents et des Maîtres *tiennent à exprimer une particulière reconnaissance aux maîtres éminents qui ont bien voulu encourager le grand mouvement actuel de rénovation sociale par l'éducation familiale en permettant la réunion dans ce livre de leurs causeries et conférences.*

*Notre public de lecteurs se joindra à nous, heureux de retrouver dans ce recueil non seulement l'esprit d'une institution aussi heureusement conçue que l'*École des Mères, *mais encore les leçons à la fois les plus élevées et les plus pratiques, d'ailleurs les mieux adaptées à tous et à toutes, de la pédagogie, de la sociologie et de la morale modernes.*

INTRODUCTION

L'ÉCOLE DES MÈRES

INTRODUCTION.

L'École des Mères.

Il est des œuvres qui semblent se compléter et qui, sans que leurs créateurs se soient en rien concertés, ont un air de famille : telles sont l'« Ecole des Mères » et les sociétés de Parents Éducateurs. En effet, alors que l'Ecole des Mères se proposait de préparer les jeunes filles, les jeunes femmes à leur rôle familial, et par extension au rôle qu'elles joueront dans la société, les sociétés de Parents Éducateurs se recrutaient parmi les parents qui, soucieux de bien élever leurs enfants, se proposaient d'abord de se former eux-mêmes, puis de répandre leurs théories, appuyées sur une sage expérience, parmi tous ceux que ces questions intéressent. C'est de l'ensemble de ce mouvement d'idées que naquit la jeune et déjà réputée *Bibliothèque des parents et des maîtres.*

Or, voici que l'occasion se présente de publier

pour les lecteurs de cette Bibliothèque les intéressantes conférences que nos éminents amis et collaborateurs ont faites à l'Ecole des Mères. Elles sont relatives soit à la famille, soit à l'économie sociale, soit à l'éducation de l'enfant, ou aux plus récentes questions d'hygiène; leur place semble tout indiquée dans la bibliothèque familiale ainsi que dans toute bibliothèque d'éducation; peut-être en sera-t-on plus intimément persuadé lorsque nous aurons exposé le plan et les programmes de l'Ecole des Mères[1].

**

Il n'est pas une femme de ma génération qui, après avoir fait des études sérieuses et s'être mariée, ne se soit aperçue, à la naissance de son premier enfant, que le savoir qu'on lui avait fait acquérir n'avait que de lointaines relations avec les connaissances que la vie exigeait d'elle.

Souvent même, son application d'élève studieuse, acharnée à acquérir une science qui l'enivrait à l'égal d'une liqueur généreuse, en l'isolant davantage,

1. Nous prions nos lecteurs d'excuser les points par lesquels cette exposition se rapproche de notre conférence *l'Assistance éducative*; pour être complète, dans ces pages indépendantes les unes des autres, il m'a fallu répéter certaines indications.

au lieu de lui servir, l'avait au contraire rendue plus étrangère encore aux choses de la vie réelle.

Aussi la venue de l'enfant si désiré soulevait-elle en son esprit de difficiles problèmes. Comment le soigner, l'alimenter, le vêtir, de manière rationnelle? Comment diriger l'éveil de sa jeune intelligence et comment former son caractère? Les plus sérieuses achetaient des ouvrages relatifs à l'enfant et se préparaient à sa venue, comme elles se préparaient quelques années plus tôt à passer leur baccalauréat ou leur brevet supérieur. Mais les livres bien faits, concernant la puériculture, étaient encore rares, quelques-uns se contredisaient même, et la future petite maman, sans guide avisé, regrettait sincèrement que ses études ne l'eussent pas introduite dans le monde des vivants où s'écoulerait toute son existence, bonne ou néfaste aux autres selon qu'elle se dévouerait à eux avec plus ou moins d'intelligence, selon qu'elle les connaîtrait mieux avant de les aimer ou de les servir. Car il est à remarquer que la psychologie n'est pas seulement une science qui nous sert à surveiller et à guider le développement moral de l'enfant; elle nous est peut-être plus utile encore pour déchiffrer le caractère de nos maris et nous permettre d'aiguiller vers une mutuelle et utile adaptation leurs qualités et les nôtres, leurs défauts — ils en ont parfois — et ceux que nous n'avons pu extirper de nous-mêmes. Se mieux connaître, c'est se mieux comprendre. Nos usages ne le feraient guère croire, hélas! à voir avec quel soin on éloigne les jeunes gens des jeunes filles, les fiancées de leurs fiancés.

Il fallait, il y a une quinzaine d'années, un véritable courage pour oser affirmer que la jeune fille doit connaître les besoins physiques, intellectuels et moraux de l'enfant; que la jeune femme doit avoir appris, autrement que par routine, comment on conduit un ménage et comment on y fait régner l'ordre, tant moral que matériel.

Ce fut ce moment que nous choisîmes, cependant (6 novembre 1897), pour créer une école ayant précisément pour programme l'éducation maternelle et ménagère de la jeune fille et s'adressant à toutes les classes de la société. C'était à Bordeaux, ville riche et intelligente. L'autorité académique, la municipalité s'intéressèrent à mon effort. Des plus modestes aux plus riches, toutes les jeunes filles de la ville, étonnées d'entendre parler d'une nouvelle école qui enseignait des choses que tout le monde croyait savoir et que beaucoup ignoraient en réalité, voulurent la connaître. J'établis des cours pour les filles du monde, des cours gratuits pour les plus âgées des élèves de nos écoles primaires, des cours d'adultes, dès cours au lycée de jeunes filles, enfin quelques conférences de diététique pour les étudiants en médecine : l'Ecole des Mères était fondée.

*
* *

Ce serait abuser de la patiente indulgence de nos lecteurs que d'insister sur toutes les phases de l'évolution de cette œuvre nouvelle et difficile. Difficile parce qu'elle était nouvelle en tout, qu'il fallait de toutes pièces créer les programmes, former les professeurs, travailler à modifier la mentalité d'un public amoureux des usages routiniers et que les innovations effraient toujours plus ou moins.

J'aime mieux en arriver de suite à l'Ecole des Mères telle qu'elle est définitivement établie à Paris depuis 1904, sous le patronage de maîtres éminents[1]. Elle est restée ce qu'elle était à Bordeaux

---

1. COMITÉ DE PATRONAGE. — *Président d'honneur :* M. Léon Bourgeois; *Président :* M. E. Cheysson, membre de l'Institut; *Vice-Président :* M. Jules Siegfried, ancien ministre.

MEMBRES. — M. Autran, secrétaire général du Préfet de la Seine; Dr Armand-Gautier, de l'Académie de médecine; M. Bayet, directeur de l'Enseignement supérieur; M. Bousquet, conseiller d'État; Mme la comtesse de Bourqueney; M. T. Beck, directeur de l'École alsacienne; Mme Becquet de Vienne; M. Babeau, membre de l'Institut; M. Bontou, de

avec deux préoccupations de plus : former des professeurs d'enseignement ménager, former des monitrices sociales.

Bordeaux; M. R. Bompard, secrétaire général de l'Alliance d'hygiène sociale; Mme R. Bompard; M. G. Van-Brock; M. le Dr Gilbert-Ballet, professeur à la Faculté de médecine; Mme Gilbert-Ballet; Mme Bonet-Maury; M. Bonet-Maury, professeur à la Faculté de théologie protestante, membre correspondant de l'Institut; M. Boitel, membre du Conseil supérieur de l'Instruction publique; M. le conseiller intime Bielefeld; Mme Cheysson; M. le Dr Calmette, directeur de l'Institut Pasteur de Lille; Mlle Chaptal; M. Chabot, professeur à la Faculté des lettres de Lyon; M. Compayré, membre de l'Institut; M. Ferdinand Dreyfus; M. Victor Dubron, avocat à la Cour d'appel d'Amiens; M. Dubief, député, ancien ministre; Mme Maurice de Fleury; M. le Dr M. de de Fleury; Mlle Förster, de Cassel; M. le Dr Faisans; M. Gasquet, directeur de l'Enseignement primaire; Mme Gevin-Cassal, inspectrice générale de l'Assistance publique; M. le Dr Gilbert, de l'Académie de médecine; Mme Hierta-Rezius, de Stockholm; M. Jarach, inspecteur primaire; Mme Javal; M. et Mme Julhiet; Mme Kappès; M. le colonel Kappès; M. Liard, vice-recteur de l'Académie de Paris, conseiller d'État, membre de l'Institut; M. le Dr Letulle, professeur agrégé à la Faculté de médecine, médecin des hôpitaux de Paris; M. Levasseur, membre de l'Institut, administrateur du Collège de France; M. de Lanessan, ancien ministre; M. le Dr Landouzy, de l'Académie de médecine de Paris, doyen de la Faculté de médecine; M. et Mme Lattés; Mme Anselme Léon, Bordeaux; M. Anselme Léon, conseiller à la Cour de Bordeaux; M. Malapert, professeur de philosophie au lycée Louis-le-Grand; Mme Marion, ancienne directrice de l'École normale de Sèvres; M. Paul Mellon, membre du Conseil supérieur des colonies; M. Henri Monod, directeur de l'Assis-

L'Ecole des Mères comprend quatre sections :

1° Celle des éducatrices ;

2° La section populaire et d'assistance-éducative ;

3° La section des recherches et des études ;

4° La section de propagande.

Première section. — Cette section s'adresse à

tance publique ; Mme Mathieu ; M. le Dr Mathieu, médecin en chef de l'hôpital Andral, président de la Ligue des médecins et des familles ; M. le Dr Masse, professeur à la Faculté de médecine de Bordeaux ; Mme Minder ; M. Mabilleau, directeur du Musée social, président de la Fédération nationale de la Mutualité ; M. Gaston Menier, député ; M. Noblemaire, inspecteur en chef de la C^e Paris-Lyon-Méditerranée ; M. le Dr Pinard, de l'Académie de médecine, professeur à la Faculté de médecine de Paris ; M. Ed. Petit, inspecteur général de l'Enseignement primaire ; Mme E. Petit ; Mlle Poette, professeur au lycée de Valenciennes ; M. Proost, directeur général de l'Agriculture, Belgique ; M. Henri Rödel, substitut du procureur général, Bordeaux ; Mme Rollet ; M. Rollet, avocat à la Cour d'appel ; M. Louis Rivière ; Mme J.-Ch. Roux ; M. le Dr J.-Charles Roux, secrétaire général de la Ligue des médecins et des familles ; M. Raverat ; M. le Dr Roux, directeur de l'Institut Pasteur ; Mme Rubner ; M. le professeur Rubner ; M. et Mme Ernest Siegfried ; M. Paul Strauss, sénateur ; Mlle Saffroy, inspectrice primaire ; M. le Dr Siredey, membre du Comité des médecins et des familles ; M. F. Stehelin ; Mme Alphen-Salvador, fondatrice de l'Œuvre des Assistantes ; Mlle Lina Stoeckel ; M. le Dr Toulouse, médecin en chef de l'Asile de Villejuif ; M. Paul de Vuyst, inspecteur général de l'enseignement belge ; Mme Charles-P. Waddington ; M. le pasteur Ch. Wagner ; Mme Widal ; M. le Dr Widal, de l'Académie de médecine, etc.

toutes les jeunes filles qui ont plus de dix-sept ans
et qui sont munies au moins de leur brevet élémentaire ou qui possèdent un savoir à peu près équivalent à celui qui est nécessaire pour l'obtenir.

Ce sont : ou bien des élèves payantes, ou bien
des élèves boursières (ces dernières se préparent
presque toutes à devenir des professeurs d'enseignement ménager).

Tout en nous adressant à l'esprit et au cœur de
nos élèves, nous cherchons à développer leur habileté manuelle. A côté de l'enseignement théorique,
et aussi considéré que lui, elles trouvent un enseignement pratique. Si nous leur enseignons, en effet,
l'hygiène et *l'économie domestique*, les *soins aux
malades*[1], la *puériculture* et la *pédagogie physiologique*, le *droit usuel*, le *rôle de la femme
dans la famille et dans la société*, nous leur apprenons aussi à *préparer une alimentation rationnelle* adaptée à l'état de santé et de maladie; nous
leur apprenons comment on *confectionne le linge*
et comment *on l'entretient*, comment on *taille les
robes* et comment *on les transforme* selon les
caprices de la mode, en un mot, comment on tire
le meilleur parti de toutes ses ressources pour administrer son ménage avec économie et intelligence.

---

[1] Avec exercices pratiques à l'hôpital des enfants.

Notre enseignement, qu'il soit théorique ou pratique, est comparé; il s'adapte aux milieux, aux circonstances, aux ressources locales; sa souplesse très grande lui permet ainsi d'être bien accueilli par tous et de combattre les routines tout en respectant les usages.

Les élèves et les élèves-maîtresses appliquent ce qu'elles ont appris dans les garderies d'enfants — écoles qui reçoivent les enfants de quatre à sept heures du soir[1] — ou dans des cours d'adultes.

A la fin de l'année scolaire, qui s'étend du 1er novembre au 15 juin, elles passent un examen qui leur donne droit au diplôme de l'Ecole des Mères. Il consiste en compositions écrites sur l'hygiène et l'économie domestique, en une leçon relative aux mêmes objets, en une manipulation culinaire, une épreuve de coupe, de repassage, de raccommodage et de modes; enfin, en un examen oral qui porte sur l'ensemble des différentes matières du programme[2].

Chaque semaine un des amis de l'Ecole des

1. Voir p. 21.

2. L'Ecole des Mères prépare également ses élèves aux diplômes officiels relatifs à l'enseignement ménager, ce qui leur ouvre les écoles primaires supérieures et autres. Tous les jours, les demandes de professeurs lui arrivent plus nombreuses.

Mères, savant, sociologue, médecin ou professeur vient y faire une conférence d'enseignement supérieur; celles qui font la matière de ce livre ont été du nombre. — Une fois par mois, la conférence est remplacée par une audition musicale. — Nous avons institué ces conférences pour mettre nos jeunes filles à même d'entendre des maîtres qui n'ont pas la même manière de s'exprimer que leurs professeurs habituels et qui ne pensent pas toujours de même; elles sont ainsi dans la possibilité de se former une opinion indépendante, et cela d'autant plus que chaque conférence est suivie d'une discussion à laquelle prennent part et les élèves et les parents d'élèves invités ce jour-là à venir parmi nous. C'est d'ailleurs notre grande préoccupation que d'animer notre enseignement et d'entraîner le plus possible nos élèves à n'être pas de simples appareils enregistreurs, mais des êtres pensants qui ne redoutent pas d'extérioriser leurs sensations et de poser des questions pour compléter les renseignements qui leur sont donnés. Dans tous nos cours théoriques, même les plus abstraits, nous consacrons ainsi quelques instants à la discussion.

C'est aussi une occasion d'apprendre à nos élèves à recevoir des visiteurs sympathiques. N'est-il pas naturel que cette école de la vie, loin d'éloigner la jeune fille du monde réel, crée autour d'elle une atmosphère qui se rapproche autant que possible de celle où elle évoluera plus tard?

2° *La section populaire et d'assistance éducative* comprend les cours faits dans les écoles de garde, dans les cours d'adultes, dans les maisons d'hospitalisation, soit à Paris, soit en province. Elle compte dans le département de l'Aube une filiale extrêmement intéressante : la *Société d'éducation familiale de l'Aube*. Strasbourg est en train d'en créer une autre. L'enseignement s'y trouve toujours adapté à l'âge, à l'éducation et aux ressources des auditeurs.

L'année dernière comme les années précédentes son action s'est étendue aux écoles de garde. Les garderies peuvent tenter ce que ne saurait tenter l'école communale, trop encombrée d'élèves; leur rôle, à notre avis, ne se borne pas à recevoir quelques enfants et à leur faire faire leurs devoirs, elles doivent encore servir de milieux d'expérimentation pour des tentatives nouvelles et ingénieuses que l'école appliquera, soyez-en certains, du jour où elles auront produit des résultats concluants.

La garderie ne saurait donc être une continuation, une imitation de l'école, elle en est plutôt le complément; elle développe les activités, les organes de l'enfant que les programmes de l'école laissent un peu de côté ; elle est par conséquent surtout une école de travail manuel où garçons et filles deviennent adroits, ingénieux, pour être plus capables de passer sans heurt de la vie scolaire à la vie ordinaire. Je me permets donc de souhaiter que ceux de nos amis qui consacrent leurs ressources à la création si utile de garderies scolaires se pénètrent de plus en plus de cette moderne conception de leur tâche et que de plus en plus nos monitrices fassent chez eux de l'enseignement pratique : cuisine, découpage, lavage, repassage, sculpture sur bois, etc.

La section populaire de province s'est surtout développée à Troyes où, tant chez les enfants que chez les adultes, elle semble avoir pleinement réussi.

Aux cours dans les garderies, aux causeries dans les milieux adultes populaires, nous avons ajouté une nouvelle application. Qui n'a été frappé de l'inactivité intellectuelle et matérielle des malheureux hospitalisés soit dans nos hôpitaux, soit dans nos asiles ? J'ai toujours pensé que le travail serait pour eux le meilleur régénérateur, lorsqu'il est possible. Appelée dans un asile pour femmes et filles enceintes à m'occuper de l'emploi du temps, j'ai organisé avec les plus âgées et les plus sérieuses de nos élèves-maîtresses tout un enseignement ménager, tout un enseignement de modeste économie domestique qui a produit des résultats véritablement inattendus. Au moment où la femme va être mère, sa psychologie change, elle s'attendrit, elle est plus facile à convaincre, à ébranler, à conquérir. Ce serait manquer à tous nos devoirs que de ne pas profiter de cet instant favorable pour refaire de ces créatures malmenées par la vie, souvent plus victimes que coupables, des êtres dignes et fiers !

Mais là ne s'arrêteront pas nos essais d'éducation populaire dans l'avenir. L'un des amis de l'Ecole des Mères, dont l'âme tendre s'émeut de la fragilité de l'enfant du peuple au sortir de l'école, au moment même où il doit commencer l'apprentissage de la vie et l'apprentissage d'un métier, a mis à la disposition de l'une de nos élèves les plus distinguées une vaste maison de campagne, un grand jardin potager, un poulailler, etc., et la somme suffisante pour y faire vivre durant un an six petites filles délicates. Elles s'y familiariseront avec toutes les activités ménagères, elles apprendront à travailler le jardin, à soigner les poules, et, lorsque fortifiées elles retourneront dans leurs familles, six autres petites filles leur succèderont.

Ce n'est pas tout, mais mieux vaut ne parler du

reste que lorsque les projets seront devenus des faits.

3° *La section des recherches et études* est l'une des plus intéressantes et des plus utiles. Elle se préoccupe surtout de simplifier la vie journalière. Des enquêtes, des recherches relatives aux budgets ouvriers, des travaux sur l'alimentation populaire, le vêtement, l'habitation, la construction de quelques appareils ménagers pratiques, etc., etc., prouvent sa très certaine vitalité.

4° *La section de propagande* vulgarise les idées de l'école par des articles de journaux, de revues, par des ouvrages [1], enfin par son propre journal, *le Conseiller de la Famille*. Ce périodique, qui publie les leçons et les cours de l'Ecole des Mères, a été créé afin d'établir un lien entre toutes les personnes qui s'occupent d'enseignement ménager, d'enseignement social. Elles sont invitées à y formuler leurs pensées, leurs opinions, à y faire connaître les résultats de leurs observations et de leurs expériences; et il est juste de reconnaître que,

---

1. *Le Foyer domestique*, couronné par l'Académie des sciences morales et politiques, chez Hachette; *les Ecoles ménagères à l'étranger et en France*, couronné par l'Académie des sciences morales et politiques, chez Rousseau; *la Cuisine rationnelle des malades et des bien portants*, couronné par l'Académie de médecine, chez Doin; *Nos tout petits*, chez Vuibert, etc., etc.

depuis quelque temps, l'appel qui leur est adressé ne reste pas sans écho. Combien il serait heureux qu'une plus fraternelle compréhension des grandes œuvres sociales groupe enfin toutes les bonnes volontés dans une action commune plus puissante et plus sérieuse!

Voici à titre documentaire, l'ensemble des programmes d'une année :

PREMIER TERME

COURS FONDAMENTAUX

1° COURS THÉORIQUES

(Ces cours ont tous une durée d'une heure.)

Cours d'hygiène.

Considérations générales. — Ce qu'est l'Hygiène. — Son utilité. — Hygiène individuelle, familiale, sociale.

Division du plan : Hygiène de l'habitation et Hygiène de l'habitant.

HYGIÈNE DE L'HABITATION.

Choix de la maison. — Conditions qu'elle doit remplir : orientation, lumière, etc.

Aménagement intérieur. — Hygiène des principales pièces d'habitation, cubage, revêtements, tapis, tentures.

Les dépendances : Privés, cuisine, bains, chambres de domestiques.

Ventilation. — Naturelle ou artificielle.

Chauffage. — Local ou central. — Différents appareils et combustibles.

Éclairage. — Naturel : Action de la lumière solaire.

— Artificiel : Pétrole, gaz, électricité. — Hygiène de ces divers modes d'éclairage au point de vue respiratoire et visuel.

Eau potable. — *Ordures ménagères.* — *Eaux sales.*

HYGIÈNE DES HABITANTS.

Hygiène du corps proprement dite : Peau et soins extérieurs. — Eau froide et eau chaude. — Des bains. — La toilette : hygiène de la figure (yeux, nez, oreilles, bouche et dents), des mains etc. — Poudres et fards.

Hygiène des fonctions digestives. Alimentation. — Les conditions d'une bonne alimentation. — Notions de diététique. — Division des aliments en catégories. — La substance alimentaire. — Préparation hygiénique des aliments : Épices, conserves. — Boissons.

Composition quantitative et qualitative de l'alimentation suivant l'âge, les climats, les saisons, les professions.

Maladies d'origine alimentaire : Alimentation surabondante et arthritisme. — Transmission alimentaire des parasites. — Intoxication et infections alimentaires, etc.

Hygiène respiratoire et circulatoire : Hygiène du système nerveux. Conditions d'équilibre[1].

Cours d'Économie domestique.

Définition. — L'ordre, l'activité, la propreté, l'emploi du temps et des ressources du ménage.

La tenue et l'entretien de la maison. — Installation de la maison : Déménagement et emménagement méthodiqués. — Quel doit être l'aspect de l'intérieur et comment on l'obtient.

---

1. Voir la suite de ce programme page 33. Chaque année comprend en effet deux *termes* entre lesquels se répartissent les matières des différents cours.

— Nettoyage des parois horizontales (planchers, dallage, tapis, linoleum, etc.). — Nettoyage des parois verticales : peintures, vitres, glacés, papiers lavables, etc. — Désinfection. — Entretien du mobilier et de la literie. — Des cuivres et des étains, des tableaux et des gravures. — Des statuettes. — Les lampes et les appareils de chauffage. — La salle de bain.

Considérations économiques snr l'habitation : combustibles, éclairage artificiel, etc.

Le vêtement. — Achat. — La mode. — L'entretien du vêtement : Hiver et été. — Le linge sale, blanchissage, repassage, raccommodage. — De l'importance du raccommodage. — Le trousseau de la femme, du mari, des enfants. — Installation de la lingerie. — L'armoire de la mercerie, des restes d'étoffes, etc. — La machine à coudre.

L'alimentation rationnelle des malades et des bien portants. — L'achat des provisions. — De l'ordre dans les achats. — Le marché : Comment on le fait et comment on le fait faire. — Duperies et falsifications alimentaires. — La réserve alimentaire en ville et à la campagne. — Pâtés et confitures. — Conserves d'œufs, de légumes, de fruits, etc. — Les conserves alimentaires à la ville et à la campagne.

Installation pratique de la cuisine, de l'office et de la cave. — La poussière, c'est l'ennemi. — Pour éviter l'air souillé. — Pour nettoyer les fourneaux, les casseroles, la vaisselle, les cristaux, les couteaux, l'argenterie.

Le gouvernement de la maison. — Comment la maîtresse de maison doit recruter et traiter ses domestiques. — De la division du travail. — Les enfants et les domestiques. — Quels sont les mobiles qui ont le plus d'action sur ceux qui nous servent ? — Droits et devoirs des maîtres. — Droits et devoirs des domestiques.

La comptabilité du ménage. — Comment on établit un budget. — Dépenses prévues et imprévues. — Dépenses utiles et superflues. — Importance relative des différents chapitres : loyer, vêtement, alimentation, etc.

Tenue des livres. — Les livres de la ménagère : livres utiles, livres indispensables.

L'épargne et ses modes d'application modernes.

La prévoyance : Autrefois, aujourd'hui.

La maîtresse de maison. — Ses qualités. — Son rôle. — Ses relations avec ses enfants, ses serviteurs, la société.

Les vieillards dans la famille.

Cours d'éducation de l'Enfant.

Education de la première enfance : Puériculture. — Education physique, éducation des sentiments.

1º *Puériculture.* — Un peu de physiologie. — Ce qui distingue le nouveau-né de l'adulte. — La couchette et la layette. — Alimentation du nouveau-né. — La peau et les autres organes des sens. — Comment on surveille leur développement et comment on les entretient en bon état. — Les muscles et les os. — La promenade et le sommeil. — Les premiers pas. — Les premières paroles. — Premières volontés. — La part qui revient à l'éducation morale et intellectuelle dans la vie de l'enfant, de la naissance à un an. — Le sevrage. — Hygiène de l'enfant sevré.

Développement physique de l'enfant et de l'adolescent[1].

Cours de Jardinage.

Avantages qu'offre la possession d'un jardin pour une famille d'ouvriers, au point de vue physique, intellectuel et moral, pour l'individu, la famille, la société.

Choix et disposition des cultures suivant l'exposition, le sol et les besoins de la famille; selon aussi que le jardin est à l'ouvrier ou qu'il ne l'a qu'en location.

---

1. Voir la suite page 35.

Culture et soins à donner aux légumes les plus nourrissants, les plus utiles, les plus faciles à cultiver.

Entretien du jardin, pourquoi il doit toujours être très propre et très bien tenu. Nécessité d'un coin fleuri.

Meilleures conditions de conservation des oiseaux et des insectes utiles, des crapauds, etc. Destruction des mulots, des limaces et des insectes nuisibles. — Possibilité d'améliorer le sol par les engrais naturels ou chimiques.

Rôle de chacun des membres de la famille dans le travail du jardin. Relations entre voisins.

Plantes d'appartement. Choix et entretien.

La basse-cour et l'étable.

Causerie d'éducation sociale.

Le rôle de la femme dans la société moderne (sujet du premier terme).

2° ENSEIGNEMENT PRATIQUE ET MANUEL.

Tous les cours pratiques sont d'une heure et demie à deux heures. Ils comprennent un ou deux termes.

Cours de cuisine pratique.

Reconnaissance des viandes de bonne qualité, des viandes médiocres. — Prix et poids. — Noms de boucherie des principales parties du bœuf, du veau, du mouton.

Préparation d'un pot-au-feu. — Comment il faut servir le bouillon le premier jour. — *Comment on le conserve. — Potages gras. — Potages maigres.*

Les rôtis : Durée de temps proportionnelle: rôti de bœuf, de veau, poulet, etc.

Les principales sauces : Sauce brune, sauce tomate, sauce poulette, sauce béchamel, sauce mousseline, hollandaise, etc.

Les laitages, sorbets et glaces [1].

1. Voir la suite page 35.

Entretien du linge.

Lavage, amidonnage, repassage, raccommodage, stoppage. — Lavage des dentelles, raccommodage des dentelles. — Comment on détache les vêtements de laine et de soie.

Cours de coupe et de transformation du vêtement. Cours de lingerie.

1º *Trousseau de la jeune fille.* — Reconnaissance des tissus de bonne et de mauvaise qualité. — Comment on « lève » un patron. — Comment on taille, on faufile et on essaie : une chemise de jour, une chemise de nuit, un pantalon, un petit jupon, d'après un patron donné. — Les jours et les dentelles incrustées.

La layette. — Confection des différentes parties de la layette. — Installation d'une bercelonnette. — Comment on rend les tissus légers incombustibles.

2º Faire le patron d'un corsage, d'une jupe, d'un jupon et d'une robe de maison pour une personne donnée. — Tailler, faufiler et essayer. — Tailler et faufiler une blouse de femme, une robe de petite fille, un pantalon de garçonnet, suivant un modèle donné.

La mode changeant très rapidement, ces cours ont surtout pour but d'apprendre aux jeunes filles et aux jeunes femmes à transformer un costume encore en bon état, mais démodé, en un costume élégant assez conforme aux vêtements courants pour qu'il passe inaperçu [1].

Cours de Modes.

Comment on laitonne une forme, un ruban. — Comment on fait une forme de chapeau. — Comment on garnit un chapeau simple. — Faire un bouquet de fleurs artificielles, le poser. — Garnir une corbeille de fleurs, une plante d'ornement, un surtout.

[1]. Voir la suite page 36.

Autres cours.

Art décoratif appliqué aux travaux féminins.
Cours de diction.
Cours de composition françaises.
> (Ces cours sont surtout destinés à donner aux élèves des notions de composition française bien claires et bien nettes relatives aux fonctions qu'elles pourront occuper dans les différentes œuvres sociales.)

Travaux pour garderies d'enfants (vannerie, découpage du bois, planisculpture, fleurs artificielles, etc.).

Conférences d'Enseignement supérieur et auditions musicales de l'année scolaire 1908-1909.

PREMIER TERME.

Ces conférences, faites par nos maîtres les plus éminents, ont pour but de compléter l'enseignement des cours de la semaine.

Le 17 novembre. — *L'Education morale dans le Judaïsme*, M. Louis Lévy, rabbin.

Le 24 novembre. — *L'Education de la volonté*, M. Théodore Beck, directeur de l'Ecole alsacienne.

Le 1er décembre. — *Une heure de musique contemporaine.* Causerie de M. Camille Le Senne, président de l'Association de la Critique dramatique. Audition des œuvres de M. Letocart.

Le 8 décembre. — *L'Habitation populaire et les espaces libres*, M. Cheysson, membre de l'Institut.

Le 15 décembre. — *L'Education morale dans le catholicisme*, M. l'abbé Bellanger.

Le 22 décembre. — *L'Education sociale doit-elle se limiter à la seule Europe?* M. Challaye, professeur de l'Université.

Le 12 janvier. — *La Réglementation du travail*, M. Arthur Fontaine, directeur du Travail.

Le 19 janvier. — *L'Education morale indépendante*, M. Belot, membre du Conseil supérieur de l'Instruction publique.

26 janvier. — *Alimentation animale ou végétale ?* Dr Charles Richet, de l'Académie de médecine.

2 février. — *Une heure de musique contemporaine.* Audition des œuvres de M. Dièmer.

9 février. — *Le Devoir social entre les Serviteurs,* MM. F. Buisson et Maurice Dufourmantelle.

16 février. — *La jeune fille dans le théâtre de Molière,* M. Victor Dubron, président de l'Alliance sociale du Nord.

DEUXIÈME TERME.

2 mars. — *Une heure de musique contemporaine.* Audition des œuvres de M. Charles René.

9 mars. — *L'Enfance en justice : les Comités de défense,* M. Ferdinand Dreyfus, avocat à la Cour.

16 mars. — *La culture de l'initiative au Foyer et à l'Ecole,* M. Crouzet, professeur de l'Université.

23 mars. — *Hygiène de la peau et de la chevelure,* M. le Dr Jaquet, médecin des hôpitaux.

30 mars. — *L'Art de faire un procès,* M. E. Mossé, avocat à la Cour.

6 avril. — *Une heure de musique contemporaine.*

27 avril. — *Ce qui différencie l'Education des filles de celle des garçons,* M. G. Compayré, de l'Institut.

4 mai. — *Une heure de musique contemporaine.*

11 mai. — *La production de l'Enfant,* M. le Dr Terrien.

18 mai. — *Hygiène de l'Enfant malade.* M. le Dr Triboulet, médecin des hôpitaux.

25 mai. — *L'Art à l'Ecole et au Foyer,* M. le Dr Paul Boncour.

1er juin. — *Une heure de musique contemporaine.*

8 juin. — *Les Ecoles de garde,* M. Antony.

15 juin. — Assemblée générale présidée par M. Cheysson, de l'Institut. — Conférence de M. Levasseur, de l'Institut, administrateur au Collège de France.

***

DEUXIÈME TERME
COURS FONDAMENTAUX

1° COURS THÉORIQUES.

Cours d'hygiène.

b. HYGIÈNE DE L'EXISTENCE. — LA VIE HYGIÉNIQUE (suite).

Comment se vêtir. — Vêtements : Leur rôle, leurs qualités. — Vêtements spéciaux. — Corset. — Le linge.

Variation de l'habillement suivant l'âge, la profession, le climat, la saison.

Comment organiser hygiéniquement son existence. — Emploi du temps : Travail, repos et sommeil.

Hygiène physique. — Nécessité de l'exercice physique : Sédentarité et maladies. — Bons et mauvais exercices physiques. — Les sports. — Education physique de la femme.

Hygiène intellectuelle. — Hygiène du travailleur intellectuel. — La fatigue intellectuelle. — Lecture et myopie.

Hygiène morale. — Joie et douleur : Leur action sur l'individu. — Rapports du moral et du physique. — La vie calme et la vie agitée, etc.

Conséquences de l'observance ou de l'inobservance des lois de l'hygiène : 1° *Pour l'individu :* L'observance des lois de l'hygiène est pour l'individu une cause de bonheur, de santé, de longévité; leur inobservance conduit à la maladie.

Les principales causes des maladies. — Rôles du terrain et des causes extérieures.

Les agents atmosphériques. — Les intoxications et les infections. — Maladies contagieuses et épidémiques.

Importance de la maladie :

1° *Pour l'individu.*

2º *Pour la Société :* Hygiène sociale. — Son utilité. — Ses exigences. — Rapports de l'hygiène individuelle et de l'hygiène sociale. — Les maladies sociales.

3º *Pour la race :* L'hérédité. — Influence des maladies de l'individu sur la descendance. — Conclusions.

Notions de droit usuel.

La famille et l'état des personnes. — Le mariage. — Conventions matrimoniales.

Le régime des biens. — La propriété et les modes de transfert de la propriété. — L'usufruit.

Successions, donations et testaments.

Les obligations et les responsabilités. — Les différents contrats. — L'hypothèque légale.

Les droits de l'enfant : État civil, minorité, tutelle, exercice de la puissance maternelle.

Notions de droit commercial : Comment on paie ses dettes.

Notions générales sur l'administration et l'organisation judiciaires.

Soins aux malades et leçons de pansement.

1º *Conditions générales.* — Dangers des traitements empiriques ou charlatanesques. — Qualités de la garde-malades. — La propreté : antisepsie et asepsie. — Psychologie des malades. — Comment il faut leur parler.

2º *La chambre du malade.* — Comment elle doit être organisée. — Précautions à prendre pour les maladies contagieuses. — Désinfection.

Soins généraux aux malades. — Cuisine pharmaceutique : préparation des cataplasmes, tisanes, gargarismes, etc. — Stérilisation des liquides. — L'autoclave.

3º et 4º *Alimentation des malades :* Préparations des régimes alimentaires.

Soins spéciaux à certaines malades. — Les enfants ma-lades.

5º *Médecine d'urgence.* — Soins à donner en attendant le médecin. — Hémorragies, plaies, fractures, syncopes et con-gestions. — Ce qu'il ne faut pas faire, sous peine d'être nui-sible aux malades.

6º Quelques exercices pratiques d'application sur les sujets traités dans le cours. — Leçons de pansement.

Éducation de l'enfant (*suite*).

2º *Développement intellectuel et moral de l'enfant.* — L'en-fant est-il une page blanche? Hérédité et éducation. — L'exem-ple. — Comment se développent les organes des sens et les mouvements chez l'enfant. — L'enfant est-il un observateur? — Imaginations et frayeurs enfantines. — Imitation et atten-tion. — Qu'est-ce que la volonté? — L'éducation modifie-t-elle la volonté? — Rôle de l'habitude dans l'évolution de l'enfant. — La conscience, etc.

Observations et lectures. — Application de la connaissance de l'enfant à son éducation. — Quelques mots sur les pédago-gues modernes et sur les méthodes pédagogiques.

2º ENSEIGNEMENT PRATIQUE ET MANUEL

Cours de cuisine pratique (*suite*).

Viandes préparées en sauce : Blanquette. — Poulet au blanc. — Poulet chasseur. — Bœuf à la mode, etc.

Comment on reconnaît le gibier; comment on le prépare : civet de lièvre, cailles rôties, etc.

Poissons en court bouillon, grillés, frits, etc. — *Coquillages, crustacés.*

Préparation des œufs.

Préparation des légumes les plus usuels.

Utilisation des restes. — Coquilles de turbots, bouchées, Cromeskis, etc.

Pâtisseries de ménage. — Pâte brisée, pâte feuilletée. Pâtes sur levures. — Quelques biscuits.

Cours de cuisine de régime.

Principes qu'il faut observer dans ces préparations.

Le lait et ses manipulations diverses.

Les corps gras et leur emploi.

Les œufs. — Plats pour malades.

La viande. — La viande crue et les différentes manières de la présenter aux malades. — Viandes peu cuites et viandes très cuites.

La cuisine des édentés.

Les poissons, préparations diététiques.

Les légumes. — Légumes à longue coction, à coction rapide. — Les purées. — Les légumes préparés avec de la viande. — Pour réveiller l'appétit des malades.

Les fruits. — Compotes et marmelades. — Fruits séchés et fruits frais. — Crèmes de fruits.

Les boissons et leurs préparations.

Les sauces permises dans la cuisine de régime; par quoi elles diffèrent des sauces courantes.

La vaisselle des malades. — Installation spéciale de la cuisine, de la chambre du malade. — Transport des aliments chauds.

Cours de modes et de fleurs (*suite*).

Comment l'on rafraîchit rubans, plumes et fleurs. — Transformation des chapeaux.

Comment on fait une capote de bébé, un chapeau de dame. — Travail de la mousseline de soie, etc., etc.

Le discours prononcé par M. Edouard Pétit, inspecteur général de l'Enseignement primaire, lors de notre dernière assemblée générale, en rappelant quelques heures passées par lui au milieu de nos élèves, donnera je pense une idée à la fois nette et précise de l'ensemble de nos travaux :

« Ce que vous faites est à la fois familial et affectueux. Mais ce que je désirerais, c'est qu'on vous envoyât des jeunes filles appartenant à l'enseignement ; je désirerais que les institutrices, les éducatrices professionnelles pussent aller de temps à autre suivre vos leçons et que l'on profitât de l'enseignement que vous donnez avec tant de générosité intellectuelle et morale, dans cette grande Maternelle qu'est l'Ecole des Mères. Une Maternelle dont Léon Frapié ne critiquerait pas les méthodes simples, où la réalité répond aux promesses. J'y suis allé dernièrement, parce que je veux, avant de me faire une opinion sur une œuvre, bien la voir, bien l'étudier. Sur le papier, les choses paraissent excellentes ; mais il faut se rendre compte. Je voulais voir les résultats qu'on obtenait et j'ai profité de ce qu'on m'introduisait dans la Maternelle pour regarder et pour entendre.

« Ce que j'ai vu et entendu m'a charmé, m'a retenu : j'y ai vu un groupe de jeunes filles qui étaient en train de bâtir une robe, très simple et d'un goût délicat ; un autre groupe faisait un gentil chapeau, pas excentrique, pas gigantesque, mais de proportions harmonieuses, fait pour le plaisir des yeux.

« Nous avons besoin, à l'heure actuelle, d'éducatrices sociales. Je me rappelle, il y a deux ans, être allé à l'Ecole normale d'institutrices de Batignolles, et j'avais choisi pour sujet de conférence : « De la formation sociale de l'Institutrice », et je demandais de faire exactement ce que vous faites. Or, le demander, c'est rester dans la théorie, dans... la pédagogie, tandis que chez vous la parole devient acte. Ce que je croyais être une utopie, je le trouvais accompli, je trouvais la réalité vivante et palpable.

« Je désirerais qu'il y eût une Ecole des Mères non seulement à Paris, mais dans toutes les villes, une école où les jeunes filles et jeunes femmes qui veulent s'occuper d'éducation pussent aller. Car nous ne pouvons plus aujourd'hui avoir des institutrices qui soient purement des brevetées. Nous avons besoin d'autre chose, de femmes qui, en attendant le médecin, soient en état de donner quelques soins, des indications, des renseignements ; nous avons besoin de jeunes filles et jeunes femmes qui se dévouent, mais qui aient la science du dévouement, qui aient l'instruction et l'éducation du dévouement, que vous donnez à l'Ecole des Mères. Je voudrais, par exemple, que dans nos écoles primaires supérieures, que nous sommes en train de réformer, qui ne seront plus simplement des écoles intellectuelles pour la préparation des brevets élémentaire et supérieur et l'entrée aux écoles normales, mais où nous préparerons aussi à la vie, les professeurs eussent reçu non seulement une forte culture générale, mais eussent fait l'apprentissage de l'enseignement culinaire, ménager de l'économie domestique, eussent parcouru le programme suivi à l'Ecole des Mères qui a été fondée par une véritable novatrice, dont un jour on comprendra les services. Oui, je voudrais qu'il y eut en province d'autres Ecoles des Mères, je voudrais que la méthode se répandît, se propageât.

« Nous avons auss. besoin de cette Ecole des Mères, pour la fondation des garderies, — le mot garderie est détestable, mais consacré par l'usage. — Car il faut non seulement recueillir les enfants, mais il faut les récréer, les instruire, les amuser, les élever, mettre un peu d'idéal dans ces intelligences et ces cœurs. Il faut apprendre quelque chose aux pupilles pendant ces heures du jeudi ou du dimanche où on les garde. Des jeunes filles, des jeunes femmes du monde viennent à nous, et bien

souvent nous consultent et nous disent leur embarras. Elles sont pleines de dévouement certes,
mais que de fois elles nous ont fait cet aveu : « Nous
« allons vous donner deux heures de l'après-midi
« du jeudi ou du dimanche. Ce qui est la répétition
« d'un acte monotone pour une institutrice, pour
« nous ce sera du travail nouveau, et ce sera la joie.
« Nous nous donnons toutes entières à notre tâche
« nouvelle, mais nous ne savons pas, nous n'avons
« pas été initiées à la vie sociale et nous ne savons
« comment remplir utilement le temps des séances,
« nous sentons que nous ne parvenons pas à
« dissiper l'ennui de nos pupilles au bout d'une
« heure ou deux. »

Elles viennent nous demander conseil ; ces jeunes
femmes, je voudrais leur voir prendre le chemin
de votre école. Elles viendraient y apprendre comment on fait, non pas une classe (le patronage ne
doit pas être une répétition de classe), mais comment on distrait, on occupe des enfants, en leur
enseignant un peu de couture, de cuisine. en leur
faisant quelque causerie ou quelque lecture.

Bref, ces jeunes filles ou jeunes femmes apprendraient comment on doit entendre et pratiquer
l'éducation à côté, celle que l'école ne peut pas
donner parce qu'elle ne garde l'enfant que jusqu'à

onze ans et qu'elle a déjà beaucoup à faire en lui apprenant à lire, écrire et compter, en lui donnant quelques notions d'histoire et de géographie; et vous savez que de onze à vingt et un ans, de la sortie de l'école à l'entrée au régiment ou dans le ménage, l'oubli vient vite et vite s'en va le savoir élémentaire acquis aux années d'enfance.

« Mais l'Ecole des Mères peut rendre encore d'autres services, j'ai pu le constater.

« L'Ecole des Mères a déjà une grande fille. Cette grande fille a déjà deux ans[1]. Elle est née en 1906, dans l'Aube, à Troyes, où je lui ai rendu visite étant en tournée d'inspection.

« Elle a nom : la *Société d'Education familiale*, et elle se réclame de votre enseignement, de vos idées directrices. Le fondateur en est M. le Docteur Bertrand, le président M. Rémond, inspecteur d'académie.

« *L'Education familiale* de l'Aube a débuté en lançant, comme tout groupement, un appel. Elle l'a adressé « aux familles ».

« Elle définissait son but, qui est de donner aux familles « l'éducation hygiénique », de lutter pour la diffusion des notions et des pratiques d'hygiène, de préparer les mœurs sanitaires des générations

1. Actuellement trois ans.

nouvelles. Elle annonçait qu'elle se proposait de vulgariser, parmi les jeunes filles et les jeunes femmes, les connaissances indispensables à leur rôle présent ou futur de femmes d'intérieur, d'épouses, de mères, d'éducatrices de leurs enfants.

« Des paroles, des écrits, la *Société d'Education familiale* a passé aux actes.....

« Le succès de l'Ecole ménagère est grand. Il pousse M. le docteur Bertrand à compléter, à poursuivre l'œuvre pendant les mois d'été.

« La *Société d'Education familiale* se propose de greffer sur les cours l'Œuvre du trousseau, l'Œuvre de la layette, qui fourniront une application directe aux leçons de coupe et de couture.

« Elle tâche à former dans la section d'adultes des monitrices et des infirmières populaires, qui, dans les villages, ont un rôle si important à jouer.

« Et elle n'enferme pas sa propagande dans la seule ville de Troyes, elle poursuit sa campagne de cours-conférences, faisant un ensemble méthodique et lié, à Nogent-sur-Seine, à Bar-sur-Seine, à Aix-en-Othe, à Romilly, à Brienne-le-Château, partout où elle conjugue son effort avec celui d'une société locale. Elle réalise un essai singulièrement vivant et heureux d'école ménagère rurale ambulante. Elle ouvre une voie où les amis de l'éducation populaire, comprenant la mission sociale qui leur incombe, doivent s'engager.

« Cette fille .. majeure fait grand honneur à l'Ecole des Mères. Elle est drue et forte des leçons qu'elle a reçues rue de Miromesnil. Elle m'a conquis tout entier, et je tiens à lui rendre l'hommage qui lui est dû.

« Oui, Madame, à constater le succès que votre filiale rend dans l'Aube, on se prend à désirer que l'Ecole des Mères fasse des créations dans toutes nos provinces. Il y a là un avenir pour vos élèves, qui iront propager la santé morale et physique, enseigner l'entr'aide agissante. Voilà un programme digne d'elles.

« Oui, une Ecole des Mères avec l'organisation que lui a donnée Mme Moll-Weiss ne pourra être qu'utile; partout une Société d'Éducation familiale peut être établie ».

Tel est l'ensemble de l'organisation de l'*Ecole des Mères*, partout imitable où la parole du maître saura transformer des programmes inertes en un enseignement souple, vigoureux, bien vivant ; partout où il saura les adapter aux circonstances en écartant avec autorité et intelligence l'encombrement que lui créeront souvent les routines pédagogiques ou autres. Il n'y faudra d'ailleurs aucun parti pris ; son devoir sera tout aussi bien d'utiliser les notions déjà acquises par ses élèves, dans leurs précédentes études, que de rechercher les moyens les plus rapides et les plus sûrs de les faire progresser encore.

Il est d'ailleurs à remarquer que, leur premier étonnement passé, les jeunes filles s'intéressent passionnément à l'ensemble d'un enseignement qui les met en contact avec les réalités de la vie tout en leur permettant, d'une part, d'utiliser les connaissances scientifiques qu'elles possèdent ; d'autre part, de secourir, d'aider leurs semblables, grâce à leur propre effort et à leur activité personnelle.

Elles y gagnent d'être plus réfléchies, plus équilibrées, plus équitables, de « prendre pied ». Leur imagination est plus pondérée ; elle a pour faire le contrepoids des habituels rêves de jeunes filles des notions sérieuses sur les réalités de l'existence ; leur corps lui-même, assoupli par un travail manuel léger et facile, se développe avec plus d'harmonie. Elles finissent — et je l'ai maintes fois constaté — par avoir plus de plaisir à écouter une lecture, un récit ayant trait à leurs occupations habituelles, à leur mission sociale, qu'à lire un roman de pure fantaisie. Qu'on n'aille pas croire, d'ailleurs, qu'elles deviennent trop sérieuses, que leurs traits se figent en une triste et monotone immobilité ; ce serait se tromper absolument à leur sujet. Elles sont, au contraire, plus « vraiment jeunes » que les jeunes filles du même âge qui vivent sans autre préoccupation que la pêche aux maris, elles s'amusent tout aussi facilement et apportent la même ardeur au jeu qu'au travail. Il semble vraiment que le développement plus complet de leur corps ait le contre-coup le plus heureux sur leur caractère et sur leur mentalité.

Et ce sont toutes ces raisons qui expliquent comment « l'Ecole des Mères » a évolué, comment la simple école d'éducation familiale et ménagère s'est complétée d'une école d'éducation sociale : c'est qu'il nous faut en même temps que des mères de véritables monitrices sociales, c'est que dans la marche vers plus de bonheur dans laquelle nous rêvons d'entraîner l'univers entier, c'est à la femme, à la jeune fille que pendant de nombreuses années incombera le rôle le plus lourd et le plus noble, revendication féminine qui ne saurait blesser personne.

Oui, peut-être la solution de la crise sociale que nous traversons est-elle en partie dans cette *assistance-éducative* de la femme. Elle dépasse fièrement et sagement la simple assistance et l'effrayante

révolution sociale; au lieu d'affaisser et d'amoindrir comme la première, d'irriter et d'entraîner à
des améliorations passagères comme la seconde,
elle édifie lentement mais solidement une humanité
plus forte et plus digne.

A. M.-W.

CONFÉRENCE FAITE A L'ÉCOLE DES MÈRES

L'ENTR'AIDE FAMILIALE

PAR

M. Emile BOUTROUX

MEMBRE DE L'INSTITUT

L'ENTR'AIDE FAMILIALE

Une maxime toujours bonne à rappeler, si je ne me trompe, c'est que l'école ne doit pas se séparer de la vie. Nulle part plus qu'ici on n'en est convaincu : c'est ce qui m'encourage à intercaler, parmi les savantes leçons qui font l'objet de vos conférences du mardi, une modeste causerie sur un sujet tout pratique : l'entr'aide familiale.

I.

Il ne faut pas se dissimuler que la condition de la famille a singulièrement changé dans le cours des siècles.

Dans l'antiquité, la famille était une société presque complète : on y satisfaisait, grâce à l'institution de l'esclavage, à toutes les nécessités de la vie. Le pédagogue même et le médecin en faisaient partie. Peu à peu, les facilités de faire faire au dehors ce qu'on exécutait au sein de la famille se sont accrues, et la somme des travaux ménagers proprement dits incombant à ses membres a diminué. Naguère encore, on pourvoyait chez soi à nombre de besoins ou d'agréments de la vie : on y faisait, outre la cuisine, les gâteaux, les conserves, les blanchissages, les raccommodages, et nombre d'ouvrages importants. A la campagne on faisait le pain chez soi, on l'y fait encore dans certains pays. On faisait son beurre, ses fromages, son vinaigre, on élevait des volailles, on cultivait des légumes, etc. Mais le progrès a partout introduit la division du travail, et la famille est de plus en plus déchargée des soins qui s'imposaient à elle. Il lui suffit de payer pour faire accomplir par des personnes étrangères presque tout ce qu'autrefois elle faisait par elle-même. Ajoutons que bien souvent la dispersion de ses membres, retenus au dehors par leurs occupations respectives, ne leur laisse pas le loisir de travailler à la maison. La tendance actuelle est dirigée vers l'industrialisation du travail ménager.

Cette révolution est visible dans la vie matérielle. On trouve au dehors des habits tout faits, des aliments tout préparés, du bois fendu et scié en petits morceaux, tous les objets nécessaires à la vie prêts à être employés. Chez soi, même sans domestiques, on peut n'avoir presque rien à faire. Certaines familles aisées, dans l'ouest des États-Unis, se passent de domestiques, et n'en ont que plus de bien-être.

Jadis les mères apprenaient à lire à leurs enfants. Aujourd'hui les méthodes dont se souviennent les parents sont bien vieillies, bien arriérées. La science a créé des méthodes tout autres, fondées sur la physiologie, la linguistique, la phonétique, la psychologie, etc.; et tout l'avenir intellectuel de l'enfant serait compromis s'il apprenait ses lettres dans un ordre différent de celui que prescrit la science. Hier encore, je m'imaginais naïvement que je serais capable d'enseigner à un commençant les éléments de l'analyse grammaticale. Mais voici que je lis dans un modèle d'analyse donné par des hommes qui font autorité que, désormais, le mot *paraître* est un verbe actif et non plus un verbe neutre; qu'outre les compléments directs et indirects, les seuls dont j'aie quelque notion, il y en a une foule d'autres, qui forment tout un système de genres et d'espèces, comparable à une classification de botanique. Il est clair que je ne pourrais donner à un enfant que de mauvais principes, et que je serais un impertinent de m'improviser professeur de grammaire élémentaire, comme cet artiste culinaire qui déclarait avec confiance : On devient cuisinier, mais on naît rôtisseur.

Enfin, dans la vie morale, c'est une vraie fin de non-recevoir que les personnes qui sont au niveau du siècle opposent à l'entr'aide familiale. Chacun a le droit, le devoir de vivre sa vie, de faire sa vie, d'être tout ce qu'il peut être, d'actualiser toutes les puissances que renferme sa personnalité. A l'accomplissement de cette tâche sacrée, l'intervention de la famille ne pourrait que mettre obstacle. Réflexion faite, la Nora d'Ibsen estime qu'elle ne peut remplir ses vrais devoirs, ses devoirs envers soi-même, qu'en abandonnant son mari et ses enfants. Peut-être, après qu'elle aura suffisamment cultivé son moi, reviendra-t-elle au foyer, mais il est clair qu'alors elle exigera avant tout qu'on respecte l'indépendance de ce précieux moi, comme, peut-être, elle respectera celle des autres.

C'est ainsi que, dans la famille telle qu'elle tend à devenir, les différents membres n'auront bientôt plus aucun besoin les uns des autres, n'auront plus l'occasion, ni même peut-être le droit, de s'occuper les uns des autres.

Merveilleux progrès, dira-t-on, qui mettra en liberté et rendra disponible pour le culte de l'idéal une somme énorme de forces, dépensées aujourd'hui à subvenir à des nécessités triviales.

Il se peut ; mais tout d'abord ce changement de condition risque d'avoir sur la constitution de la famille elle-même une influence profonde qu'il est intéressant d'examiner.

Un vieux philosophe, Aristote, disait que ce qui unit les hommes, ce sont les occupations communes. On aime ceux avec qui on collabore ; on aime particulièrement ceux pour qui on travaille, à qui on se dévoue. La statue qu'a créée le sculpteur, disait Aristote, si elle venait à s'animer, aimerait moins son auteur que celui-ci ne l'aimerait elle-même. Et M. Perrichon était pareil au sculpteur d'Aristote. Car de deux jeunes gens qui recherchaient sa fille, et dont l'un le sauva d'un danger, tandis que, lui, sauva ou crut sauver l'autre, c'est le second qu'il choisit.

Si cette psychologie est vraie, vous devinez quelles conséquences risque d'entraîner la disparition de l'entr'aide familiale. Ne faisant plus rien les uns pour les autres, les membres de la famille demeureront-ils unis de cœur ? Continueront-ils à former ce qu'on appelle une famille ?

La famille, jadis, a reposé sur la foi religieuse : cette conception de la famille n'existe plus guère aujourd'hui. Se fonde-t-elle sur la consanguinité ? La voix du sang ne parle peut-être pas aussi clair dans la réalité que dans la poésie : en tout cas elle n'est qu'une incitation à s'aimer; et les sentiments qu'elle provoque seront sans force s'ils ne sont entretenus et développés par l'action. Dira-t-on qu'une famille est naturellement unie par la communauté d'idées et de goûts qui naît de l'identité de milieu et de conditions d'existence? Cette communauté de goûts n'est nullement assurée *a priori*, et il n'est pas rare de voir chaque membre d'une famille chercher de son côté, au dehors, l'ami qu'il estime seul capable et digne de le comprendre. D'ailleurs, une communauté de goût et d'idées suffit-elle à constituer un lien familial? N'est-il pas possible et légitime de se sentir foncièrement parents, tout en différant d'idées et même de goûts?

En sorte que nous sommes amenés à nous demander : la famille, comme union morale d'une nature spéciale, survivra-t-elle à un régime où les membres qui la composent sont dispensés ou sont hors d'état de se rendre service les uns aux autres?

II.

Je n'ignore pas qu'il y a, par le monde, des personnes qui trouveraient cette question bizarre! Les transformations économiques dont il s'agit, diraient-elles, sont l'effet des progrès de la science et de l'instruction, et sont inéluctables. Elles-mêmes, d'ailleurs, constituent un merveilleux progrès. Si elles entraînent quelque jour la disparition de la famille, c'est que la famille cessera d'être en rapport avec les conditions de l'existence humaine. Or, il est dans l'ordre qu'un organe qui ne sert plus à rien, ou même qui n'est plus qu'un obstacle au développement de l'organisme, finisse par disparaître. Quelques sociologues voient précisément dans le relâchement graduel des liens de la famille, prélude de sa disparition, un des traits essentiels de l'évolution nécessaire de l'humanité.

Je ne m'arrêterai pas à faire l'apologie de la famille. Ce serait bien superflu dans cette maison, comme en fait foi le titre même de la revue que je vois sur cette table : *Le Conseiller de la famille et l'Ecole des Mères.* Il n'en est pas des choses morales comme des choses matérielles. Celles-ci, quand elles sont écrasées par des forces supérieures, périssent nécessairement. Mais les réalités morales ne meurent que si elles le veulent bien, s'il n'y a plus, chez ceux qui les représentent, ni foi, ni énergie, ni effort pour les maintenir. Il dépend de vous, en étant de bonnes et utiles mères de famille, de faire subsister la famille.

Mais, nous dit-on, l'activité familiale est désormais sans emploi. Les membres de la famille n'ont plus aucun besoin les uns des autres. Des industriels étrangers, ou bien encore la société elle-même feront, mieux qu'eux, tout ce qu'ils faisaient pour s'entr'aider. Jusqu'à l'allaitement des enfants, lisons-nous dans les livres qui esquissent la société future, sera épargné aux mères ; ou, si elles désirent se donner cette charge, la collectivité les rétribuera pour un travail qu'elles ne doivent pas.

Je crois que cet idéal, si c'en est un, est encore loin d'être réalisé ; et que, dans l'état actuel des choses, il y a encore, et grandement, place pour l'entr'aide familiale, surtout si les membres de la famille se rendent, de leur mieux, capables de faire leur devoir, comme le moyen leur en est donné par des écoles telles que celle-ci.

Une observation, cependant, est nécessaire.

Jadis l'entr'aide familiale était gouvernée par deux principes, que tout le monde acceptait d'instinct : l'autorité des parents et la valeur de l'expérience pratique. D'une part, un sentiment naturel de respect et de déférence portait les enfants à suivre docilement les directions de leurs parents. D'autre part, l'expérience de la vie, que les parents possèdent nécessairement à un plus haut degré que les enfants, était reconnue comme nécessaire et suffisante pour conférer la compétence et la faculté de commander utilement.

Mais, de nos jours, ces deux principes sont très contestés. L'autorité ne se rencontre plus guère que dans le Code ; et l'expérience pratique n'est plus qu'une pauvre routine, en comparaison de la science véritable, que l'enseignement des écoles et nombre de livres élémentaires merveilleusement faits mettent à la portée des plus jeunes enfants. Il est incontestable qu'aujourd'hui les enfants en savent facilement plus long que leurs parents. La science, non seulement progresse, mais souvent change de jour en jour. Elle n'est plus un ensemble de principes immuables dont les suites se déroulent peu à peu. Elle est une investigation continuelle, peut-être éternelle, et elle n'affirme plus rien que provisoirement, sans jamais savoir si demain elle ne sera pas amenée à modifier ses conclusions. Que vaut, en présence de ses démonstrations minutieuses, sans cesse revisées, la simple et courte expérience des vieux ? Elle fait un peu l'effet des recettes de bonne femme à côté de la médecine.

Si ces changements ne rendent pas impossible l'entr'aide familiale, ils réagissent du moins forcément sur l'esprit dans lequel elle doit être pratiquée.

La seule autorité qui aujourd'hui puisse réellement se maintenir, c'est une autorité morale fondée sur les besoins de la famille, sur le devoir et l'affection naturelle des parents envers leurs enfants. Cette autorité, certes, peut être très réelle et très puissante; elle peut, sans contraindre, diriger très efficacement. Mais ce n'est plus une autorité matérielle et légale, c'est une autorité toute morale, qui ne s'impose pas, que l'on accepte librement.

Quant à l'expérience pratique de la vie, elle n'est pas, en réalité, aussi méprisable que pourrait le faire croire une comparaison abstraite de ses titres avec ceux de la science. L'homme de sens qui a vu et réfléchi peut, surtout dans les questions morales, juger avec une sagacité que ne donne pas toujours la possession de la science théorique. Les parents sont donc encore en mesure de faire profiter leurs enfants des connaissances qu'ils ont acquises par leur travail et par l'expérience de la vie. Mais ils doivent, eux-mêmes, demeurer dans une disposition d'esprit telle qu'ils soient prêts à modifier leurs idées, même les plus enracinées, dès qu'il est démontré que d'autres sont meilleures.

Sous ces réserves, je ne vois pas pourquoi l'entr'aide familiale ne conserverait pas un rôle dans la vie matérielle, intellectuelle et morale de la famille.

La vie matérielle offre, et longtemps encore offrira aux membres de la famille des tâches nombreuses, si, comme il est à souhaiter, leur travail et leurs occupations ne les privent pas de toute existence commune. Dans toutes les conditions il convient qu'ils recherchent, qu'ils aiment ces petits soins domestiques que l'on ne croit inférieurs ou ennuyeux que parce qu'on les détache de l'esprit qui doit y présider. Les anciens racontaient qu'attirés par la réputation du philosophe Héraclite, des voyageurs s'étaient rendus à Ephèse pour le visiter. Entrés dans une pauvre demeure qu'on leur avait indiquée comme étant celle du philosophe, ils virent un vieux occupé à éplucher des légumes. L'idée ne leur vint pas que ce pauvre homme pût être le grand savant. Mais lui : « Dans ces choses mêmes, leur dit-il, il y a des dieux. » Et, en effet, dans les plus humbles travaux il y a de la poésie, de l'idéal, du divin, s'ils sont accomplis avec zèle, avec intelligence, avec le désir joyeux et affectueux de collaborer à la tâche commune. Que d'attentions utiles, intelligentes, aimables, dans un raccommodage fait à propos, lestement, habilement et gracieusement! Sans doute, on peut tout faire faire par autrui, mais il est encore permis, il est souvent plus économique et il est plus cordial de vaquer en famille aux soins du ménage. Et le vulgaire adage : on n'est bien servi que par soi-même, n'est pas encore dénué de sens. Il est vrai qu'il y faut de l'habileté, du savoir, de l'expérience. Mais une école telle que celle-ci ne met-elle pas précisément les futures mères en mesure de remplir leur rôle à la maison avec une pleine compétence?

Et quand la maladie visite la famille, est-il certain que les parents, frères ou sœurs, n'aient pas autre chose à faire que de se retirer pour laisser agir seules les personnes qualifiées? Si nous nous efforçons en conscience de connaître et de comprendre tous les perfectionnements que le progrès de la science apporte aux soins que l'on donne aux malades, pourquoi serions-nous incapables d'exécuter nous-mêmes nombre de prescriptions, médicales ou hygiéniques, qui veulent, pour être bien remplies, de la conscience et de l'intelligence, plus encore qu'une instruction technique très étendue? Et là même où nous ne pouvons pas agir matériellement, n'est-ce rien que l'atmosphère d'affection, de sympathie, de bonne volonté, de confiance dans la puissance guérissante de la nature, dont nous entourons le malade? C'est un médecin qui écrit : « Toute thérapeutique est en quelque partie suggestive. » Les médecins le savent. Puisque la force morale est

une force efficace, ils considèrent comme de leur
devoir de l'employer. En fait, ils en ont toujours
usé, à leur insu même; avant qu'elle ne fût nom-
mée, la suggestion agissait, dans la parole douce
et affectueuse de ces dévoués médecins de famille,
qui avaient mis les enfants au monde, qui avaient
suivi la santé des grands et des petits, qui étaient
pour la famille un ami, presque un parent. On ne
saurait exagérer l'influence qu'ont sur le malade la
confiance dans les forces de la nature et l'espoir
de la guérison. Cette conviction est une force chez
le médecin lui-même. Il lutte avec plus d'ardeur,
s'il croit à la possibilité, chez le malade, de quelque
réaction, laquelle sera favorisée par l'espérance
même dont celui-ci sera animé, donc, par l'atmosphère morale où il se trouvera placé. C'est ainsi
que l'entourage familial peut beaucoup, non seulement pour le soulagement, mais pour la guérison
du patient, par sa collaboration avec le médecin.

En ce qui concerne la vie intellectuelle, l'entr'aide familiale demeure, malgré tout, possible et
utile. Il n'est pas nécessaire, pour contribuer à
l'instruction de ses enfants, de leur imposer dévo-
tement les méthodes suivant lesquelles on a appris
soi-même. Il est plus intelligent, et il est très intéressant de se mettre au courant des méthodes
nouvelles, et de se maintenir soi-même capable

d'apprendre et de comprendre, tandis que l'on s'efforce à faciliter les études de ses enfants. J'ai connu des pères qui se remettaient avec ardeur au latin et aux mathématiques pour aider leurs enfants à se préparer à l'examen de l'Ecole polytechnique, et qui les y aidaient très efficacement. Apprendre en commun est une si vive et si douce jouissance !

Les lettres, les arts veulent être ainsi cultivés en commun. Il est légitime autant que naturel, le sentiment qui vous porte, si vous êtes ému par une poésie, par une œuvre d'art, à souhaiter de partager votre émotion avec d'autres hommes. Et ne jouit-on pas plus vivement de la musique, quand on fait partie d'un auditoire qui vibre à l'unisson ? La famille est, précisément, de par l'institution de la nature elle-même, ce cercle sympathique où, la journée de travail terminée, on est à même de goûter ensemble les plaisirs littéraires et artistiques. J'ai ouï dire qu'à Budapest, nombre de familles forment, à elles seules, un orchestre, et que les soirées s'y passent, d'ordinaire, à faire de la musique ensemble.

Enfin serait-il vrai que l'individualisme moderne rende désormais impossible, dans la famille, une vie morale commune ? D'abord cet individualisme, en vertu duquel chacun ne songe qu'à vivre sa vie, est-il un idéal? J'en doute un peu. S'il est vrai que la solitude matérielle soit un grand mal et un cruel supplice, je crois qu'à revendiquer exclusivement le droit d'être soi, de se développer à sa guise, de se contempler et de s'admirer soi-même, on risque de s'imposer un supplice plus cruel encore que la solitude matérielle : la solitude morale. Rien n'est triste comme de n'avoir que soi à qui confier ses peines, ses réflexions, ses désirs, ses enthousiasmes. La famille nous préserve de cette solitude morale. En famille on peut causer à cœur ouvert, on n'a pas peur qu'une parole soit mal interprétée, dénaturée, colportée avec malveillance. Les erreurs y sont réparables, les fautes y sont oubliées. La famille maintient chez ses membres la santé morale. Bien plus : elle exalte leur force, en leur offrant un patrimoine d'honneur, de probité, de dignité à conserver et à accroître.

Enfin, est-il utile de rappeler que dans l'adversité l'entr'aide familiale est particulièrement opportune et puissante? Souffrir en commun, c'est souffrir un peu moins, surtout c'est se donner mutuellement des forces pour supporter la souffrance. Vivre en commun, c'est conserver des devoirs immédiats et certains, qui sont la meilleure diversion à la douleur. Et puis, toutes les souffrances ne sont pas imméritées. Où trouver, ailleurs que dans la famille, l'indulgence honnête et généreuse qui réconforte et qui relève?

Un frère est un ami donné par la nature.

III

L'entr'aide familiale a encore, et, longtemps encore, aura son rôle utile et nécessaire dans la vie humaine. Et avec elle se maintiendront ces rapports, non seulement de solidarité, mais d'affection et de confiance, sans lesquels la famille ne serait qu'une association banale.

Est-ce à dire que la famille doive se considérer comme un tout, et s'isoler de la société? J'ai entendu dire à des personnes à qui l'on recommandait des fonctionnaires nouveaux venus dans la ville, où ils n'avaient pas de relations : « Nous n'avons que faire de connaissances nouvelles, nous vivons en famille, nous nous suffisons. » Une telle manière de se suffire n'est qu'un égoïsme à plusieurs. La famille n'a pas le droit de se désintéresser de la société, de la patrie, de l'humanité. Les vertus qu'elle favorise, nous devons les mettre au service des grandes causes qui dépassent son horizon et sa portée. L'entr'aide familiale doit préparer l'entr'aide sociale, nationale, humaine.

Mais au point de vue même de ces intérêts qui dépassent en ampleur ceux de la famille, le maintien de la famille et de tout ce qui fait sa cohésion et sa beauté demeure nécessaire. La famille est une école créée en quelque sorte par la nature pour apprendre à l'homme à triompher de son égoisme naturel et à se dévouer. C'est dans la famille que s'allume, au cœur de l'homme, cet amour désintéressé, qui, de proche en proche, s'étend à des sociétés de plus en plus larges, belles et puissantes.

Lorsqu'Homère prescrit aux hommes de témoigner de l'affection aux étrangers, aux malheureux, c'est l'affection fraternelle qu'il leur donne comme modèle : « Qu'un étranger, dit-il, qu'un suppliant soit pour toi comme un frère ».

Aimez-vous les uns les autres, dit l'Evangile, car vous êtes tous fils d'un même père.

Et ce que notre devise républicaine ajoute à la liberté et à l'égalité, comme troisième principe fondamental d'une société conforme à la raison et à la justice, ce n'est pas l'adaptation sociale, ou la solidarité, ou telle autre abstraction de ce genre, c'est la fraternité.

Emile Boutroux,
Membre de l'Institut.

CONFÉRENCE FAITE A L'ÉCOLE DES MÈRES

ASSOCIATION. — ÉTAT. — FAMILLE

PAR

M. E. CHEYSSON

MEMBRE DE L'INSTITUT

ASSOCIATION. — ETAT. — FAMILLE

Notre époque a sa grandeur et sa beauté. Ses détracteurs eux-mêmes ne peuvent lui refuser certaines particularités honorables qui la détachent en clair sur les siècles précédents, et, notamment, une sollicitude passionnée pour toutes les questions relatives à l'amélioration du sort des travailleurs et au soulagement des misères humaines. Elle a ce charme indéfinissable et inquiétant de la Joconde, avec ses promesses, ses menaces et ses mystères, celui des périodes de transition entre un vieux régime qui finit et un nouveau régime qui tâtonne et cherche sa voie. Elle nous montre des effondrements et des reconstructions, des foyers qui s'allument à côté de ceux qui s'éteignent, des courants qui se déplacent, des forces qui jaillissent, en un mot, elle nous offre le spectacle d'un chantier au milieu des ruines, sans qu'on puisse encore pressentir le plan définitif de la cité future.

I. — L'Association.

Parmi ces constructions nouvelles, il faut mettre au premier plan celles que multiplie sous nos yeux l'Association pour la solution des problèmes sociaux.

C'est surtout aux crises de la vie qu'elle s'est attaquée pour les prévenir par la prévoyance et les réparer par l'assurance ou l'assistance, suivant qu'il s'agissait de l'homme tombé ou de l'homme debout. A mesure que l'analyse de nos maux est devenue plus exacte, que la notion de la solidarité s'est précisée, que la charité a porté son flambeau, toujours plus chaud et plus lumineux, jusque dans les recoins les plus froids et les plus obscurs des misères humaines, nous avons assisté à l'éclosion incessante d'œuvres nouvelles, dont chacune s'est spécialisée dans l'étude et le remède d'un mal particulier. Elles se divisent et se subdivisent à leur tour et, par une sorte de phénomène de scissiparité, ces rameaux, qui prennent racine en touchant le sol, se détachent du tronc et vivent désormais de leur vie propre et de leur sève.

C'est ainsi que, par ces bourgeonnements quotidiens, s'est formée et que s'enrichit sous nos yeux cette magnifique végétation d'institutions de prévoyance et d'assistance, qui sont certainement l'un des traits les plus honorables de notre époque et plaideront victorieusement sa cause devant la postérité. Il lui sera beaucoup pardonné, parce qu'elle aura beaucoup aimé.

Certes, depuis l'origine du monde, l'homme a été en butte à la maladie, aux infirmités, aux accidents, à la vieillesse, à la mort. Mais ce qui est nouveau et ce qui honore notre temps, c'est qu'au lieu de nous courber passivement devant ces maux comme devant une inexorable fatalité, nous nous redressons; nous nous serrons les uns contre les autres et, semblables aux soldats romains qui, en rapprochant leurs boucliers, formaient « la tortue » pour s'abriter contre les projectiles des assaillants, nous cherchons à nous grouper pour nous prémunir contre les coups du sort.

A côté de la mutualité, dont l'essor a été si brillant dans ces dernières années et frappe tous les yeux, c'est encore l'association que nous retrouvons, par exemple, dans la coopération sous toutes ses formes et dans les syndicats qui ont organisé les ouvriers et, d'une masse inconsistante et amorphe, ont fait une force avec laquelle il faut désormais compter et qui appelle un frein chargé de maîtriser ses « emballements ». En un mot, c'est l'association qui triomphe dans toutes ces œuvres, où les initiatives individuelles ont senti le besoin de s'associer pour faire, suivant le mot de Platon, « avec la faiblesse de chacun la puissance de tous ».

Ces associations innombrables, qui ont surgi spontanément et qui couvrent le pays, sont restées longtemps distinctes et spécialisées; mais elles ont fini par s'apercevoir que cet isolement nuisait à l'efficacité de leur action et qu'après la période initiale de la division du travail et de la force centrifuge, le moment était venu de la concentration et de la force centripète. On sait que tous les phénomènes biologiques et sidéraux sont ainsi maintenus dans leur merveilleux équilibre par le balancement réglé des forces antagonistes. Il en est de même pour nos œuvres sociales. Après les avoir divisées, segmentées, isolées par des cloisons étanches, on a reconnu la nécessité de les rapprocher à leur tour, comme elles avaient elle-mêmes rapproché les individus, pour leur donner la cohésion, sans laquelle leurs efforts s'émietteraient en stériles escarmouches.

C'est ainsi que nous avons vu, dans ces derniers temps, les œuvres sociales de même nature se grouper, d'abord en unions départementales et régionales, puis en fédérations nationales, qui les amènent à collaborer en vue de leurs intérêts communs et à combiner leur action. En entrant dans un groupe d'ordre supérieur, aucune société ne compromet son autonomie, puisque ce groupe a précisément pour attributions celles qui seraient hors de la portée de ses adhérents agissant à titre individuel. Loin donc que ceux-ci aient à payer leur affiliation par un sacrifice, ils y gagnent un surcroît de puissance et deviennent, de degré en degré, capables d'aborder des tâches qui, par leur ampleur ou leur complexité, leur étaient jusqu'alors inaccessibles.

L'une des plus remarquables manifestations de cette tendance générale nous est fournie par la Fédération nationale de la Mutualité, qui peut désormais, grâce à cette organisation, proclamer tout haut la légitime ambition d'assumer la responsabilité des plus graves problèmes sociaux, par exemple, celui des retraites ouvrières, en la disputant victorieusement à l'obligation.

Ce mouvement de concentration ne s'arrête pas là; de même qu'on avait reconnu la nécessité d'associer les individus en sociétés, les sociétés en unions, les unions en fédérations, on a été logiquement conduit à l'idée de grouper ces fédérations elles-mêmes. Ce pas a été fait, et c'est ainsi que s'est constituée l'Alliance d'Hygiène sociale.

Cette alliance, qui rapproche en une vaste synthèse du quatrième degré les organisations dirigées contre les principales misères sociales, a fondé en province un certain nombre de comités autonomes, destinés à devenir de véritables foyers de coordination méthodique et de décentralisation sociale. Il faut espérer que leur nombre va rapidement s'accroître et que le pays tout entier ne tardera pas à se couvrir de comités, qui, sans distinction de religion et de parti, grouperont tous les hommes de bon vouloir, d'où qu'ils viennent, dans une collaboration commune en vue de la paix sociale et du soulagement de la souffrance humaine.

A tous ses autres bienfaits, l'association ajoute le service de nous abriter contre les envahissements de l'État, en suppléant aux défaillances de l'individu. Si l'on s'adressait à l'État toutes les fois que l'individu est pris en flagrant délit d'impuissance, on aboutirait, par une pente fatale, à l'omnipotence de l'État. C'est une imprudence que de dresser, comme l'a fait Herbert Spencer, l'individu isolé en présence de l'État tout-puissant. L'issue de la rencontre n'est pas douteuse : la partie n'est pas égale entre l'individu trop faible et son partenaire trop fort.

Si l'on veut sauver l'individu et ses libres initiatives, il faut revenir au moyen que préconise la diplomatie pour prévenir les conflits entre deux pays limitrophes, et qui consiste à interposer entre eux un État-tampon. C'est à l'association que revient ce rôle, et c'est elle qui doit préserver l'initiative privée de l'écrasement dont elle est menacée.

Nous n'avons plus dès lors affaire à l'impuissance d'un individu : ce qu'un seul homme ne peut pas accomplir, mille hommes en viendront aisément à bout en combinant leurs efforts, sans qu'il soit besoin de déranger l'État, qui n'a rien à gagner à s'ingérer dans notre ménage domestique, et que nous devons supplier de se confiner dans la sphère des intérêts généraux dont il a la garde, et qui constituent son domaine légitime.

II. — L'État.

Ainsi, l'un des traits les plus remarquables de notre temps est le développement de l'association libre et méthodiquement organisée. Mais, par un contraste saisissant et qui fait la complexité de la situation actuelle, en même temps que s'affirment la grandeur et les bienfaits de l'association libre, on voit grandir parallèlement le rôle de l'État et la foi dans sa toute-puissante intervention.

Tous les mécontents dénoncent les maux dont ils souffrent et, s'ils diffèrent profondément sur les causes et sur les remèdes, ils sont du moins d'accord pour se tourner vers l'État, comme vers la providence visible, et pour lui ordonner de faire notre bonheur avec nous, sans nous et même au besoin malgré nous.

Cette tendance du recours à l'État est fortifiée par l'impatience de ces esprits généreux, qui ne peuvent s'accommoder de ce qu'ils appellent les lenteurs et l'égoïsme de l'initiative privée, et qui voudraient, d'un coup de baguette magique, supprimer la misère et transformer le monde.

Enfin, l'État est encore invoqué par ces légions d'imprévoyants, qui cherchent à se dispenser de l'effort et qui, au lieu de s'imposer la noble, mais dure contrainte de la privation et de l'épargne, trouvent plus commode de s'endormir sur le mol oreiller de l'obligation, et d'attendre patiemment de l'État qu'il les assure contre la vieillesse et les autres crises de la vie.

Les Parlements sont en mauvaise posture pour résister à cette poussée populaire. C'est la masse électorale qui les a constitués et ils se croient tenus de lui obéir. Ils sont, d'ailleurs, pénétrés des aspirations qui la soulèvent, et ils partagent sa foi, souvent aveugle, dans les remèdes parfois empiriques dont elle s'est engouée.

C'est ainsi que se multiplient sous nos yeux les

interventions de l'État et les lois sociales, qui touchent au travail, au bien-être et à la sécurité de l'ouvrier. Leur végétation est de plus en plus luxuriante et touffue ; elles forment, dès à présent, un véritable code qui va toujours grossissant.

Quand on se livre sur ces lois à des études attentives de législation comparée, on ne tarde pas à constater qu'elles présentent entre elles un remarquable caractère de parenté.

Cette ressemblance s'explique par ces grandes pulsations de la conscience humaine, qui tiennent au rapprochement des peuples par la vapeur, par l'électricité, par la presse, et qui posent partout, au même instant, les mêmes problèmes dans des termes très voisins. Nul pays n'échappe à cette contagion de l'idée : ceux qui sont en retard se hâtent pour atteindre ceux qui les ont devancés. Les Parlements sont obligés de subir cette poussée et d'enregistrer les solutions qui répondent à l'idée le jour où, sorties de la période nébuleuse de leur incubation, ces solutions ont pris enfin une forme nettement arrêtée.

Un des exemples les plus curieux de cette puissance explosive de l'idée, c'est celui du « Risque professionnel », qui, malgré les résistances des juristes, a fait son entrée triomphale dans tous les codes et révolutionné la législation des accidents.

III. — LA DÉMARCATION ENTRE L'ASSOCIATION ET L'ÉTAT.

Nous voyons donc en présence ces deux grandes forces qui se disputent le pouvoir à l'heure actuelle : l'Association libre, l'État. Faut-il donc les heurter l'une contre l'autre et les mettre aux prises, dans une sorte de duel à mort entre deux adversaires implacables qui ne sauraient subsister en même temps ?

Pour notre part, nous ne saurions admettre que la question se pose avec une telle intransigeance et qu'il n'y ait pas de place entre « le Tout à l'État » et « le Rien à l'État ». Il n'est pas un adorateur fanatique de l'État, qui ne comprenne la nécessité de recourir à l'initiative privée pour certains services, par exemple, de bienfaisance ; pas plus qu'il n'est un économiste assez absolu pour refuser tout concours de l'État, par exemple, pour protéger ceux qui ne peuvent se défendre eux-mêmes, comme les enfants, et pour faire régner l'ordre dans la rue.

Des deux côtés, on admet donc une certaine dose d'intervention de l'État ; mais là où cesse l'accord, c'est sur le tracé de la frontière qui sépare les interventions légitimes de celles qui ne le sont pas.

Difficile est la démarcation entre le concours de l'État et celui de l'initiative privée. L'on n'a trouvé jusqu'ici ni méthodes, ni instruments, ni géomètres pour tracer cette frontière avec précision. Les penseurs les plus éminents s'y sont essayés, et leur travail est sans cesse à refaire. Cette limite est, en effet, mobile et se déplace continuellement, au gré de l'opinion publique et des mœurs. Il y a là une évolution dont les phases seraient curieuses à noter : certains règlements sont prématurés, d'autres sont démodés. On dirait des vêtements qu'il faut ajuster à la taille d'un enfant qui grandit. En un moment donné, les mœurs sont plus ou moins rebelles ou favorables à certaines interventions : il en est qu'elles appellent, d'autres qu'elles repoussent. L'opinion publique a son éducation, ses engouements, ses exigences, son « état d'âme », dont on ne saurait faire abstraction. Nous avons, par exemple, aujourd'hui, en matière de protection des humbles, des enfants, des vieillards, des aliénés, des prévenus, des prisonniers, des idées que n'avaient pas nos pères et qui ont violemment déplacé la limite de ce qui semble permis à l'État et de ce qui lui est interdit.

Nous avons reculé le « *non licet!* » bien au-delà de son ancienne définition. La loi qu'on reléguait volontiers autrefois dans une sphère élevée, d'où elle planait sur les intérêts sans en troubler le libre jeu, a pris pied sur le sol et n'hésite plus à pénétrer dans l'atelier, en attendant qu'elle franchisse demain le seuil du foyer domestique, pour y régler minutieusement le sort des familles et des individus.

C'est bien là qu'est la véritable question qui se débat aujourd'hui entre les interventionnistes et les libéraux. « Simple question de limite et de dosage », disent les premiers pour en rapetisser l'importance et endormir leurs adversaires. Mais ce dosage lui-même peut être mortel ou vital, comme il l'est dans certaines préparations pharmaceutiques, de sorte que, même ainsi posée, la question reste capitale et justifie l'ardeur passionnée qu'on met, de part et d'autre, à l'agiter.

A mon avis, la première place revient à l'association, ou plutôt aux associations, car elles se présentent sous l'aspect d'un réseau qui nous enlace de toute parts. Un même homme appartient à plusieurs d'entre elles, qui décrivent autour de lui des cercles concentriques, de plus en plus grands, comme ces rides circulaires que trace à la surface de l'eau une pierre jetée au centre d'un bassin.

La première, la plus forte, la plus douce et la plus belle de toutes, c'est la famille, qui groupe, dans une étroite et forte union, le père, la mère et les enfants, et fait, avec des éléments fragiles et soudés bout à bout, une chaîne solide et indéfinie, défiant le temps et reliant à travers les siècles les générations successives.

Autour de cette première association naturelle s'en étagent de plus vastes, avec des orbites de plus en plus étendues : l'atelier, le métier, le culte, la commune, la province, la patrie. Entre ces grandes associations primordiales s'en intercalent une foule d'autres, dont nous sommes tour à tour membres, fournisseurs ou clients, débiteurs ou créanciers. L'association se mêle à tous nos actes : elle est comme l'air que nous respirons et dans lequel nous nous mouvons.

Chacune de ces associations libres a son rôle et son domaine particulier, qu'il importe de défendre contre les empiétements de l'Etat. Si l'on applique à la division du travail entre les divers organes sociaux « le principe de la moindre action », qui régit le jeu des forces en mécanique, on est autorisé à soutenir que, pour l'accomplissement d'un service déterminé, il convient de recourir à l'organe élémentaire qui lui est exactement adapté, et qu'on ne doit faire appel à un organe supérieur que lorsqu'on sera convaincu que celui qui le précède immédiatement dans la hiérarchie des associations est insuffisant pour cette tâche.

On commencera donc par s'adresser à la famille, sur laquelle je vais revenir tout à l'heure ; puis, si elle se récuse ou se dérobe, aux groupements professionnels, aux associations de prévoyance et autres. C'est seulement dans le cas avéré de leur impuissance ou de leur abdication qu'on ferait intervenir la commune, puis la province ; enfin, comme *ultima ratio*, l'Etat, pour les services publics, tels que la justice, la défense du territoire, la diplomatie..., qui échappent décidément aux prises de l'individu, de la famille et de l'association.

Avant donc de se résigner à implorer l'Etat, il faut se demander si l'un des cercles plus ou moins étendus de l'association libre ne peut pas suffire au résultat qu'on poursuit. Presque toujours on s'apercevra que, si telle société est impuissante pour accomplir sa tâche, on peut la confier avec succès à l'union de sociétés analogues ou à la fédération de ces unions, c'est-à-dire, en dernière analyse, qu'il est possible de faire avantageusement l'économie de ce recours à l'Etat.

Pour se passer de cet appui extérieur, le citoyen a besoin de tremper son caractère, de forger son énergie et non seulement d'obtenir la liberté, mais encore de savoir en tirer parti et s'en rendre digne.

Jean-Jacques Rousseau l'a dit excellemment :

« C'est ôter toute moralité aux actions de l'homme que d'ôter toute liberté à sa volonté! » La tutelle de l'Etat démoralise, en effet, ceux qu'elle protège; elle enlève tout ressort à leur vie; elle les engourdit, les transforme en assistés, comptant non sur eux, mais sur lui, et prêts à subir toutes les servitudes d'une coûteuse et tracassière bureaucratie, pourvu qu'on les dispense d'agir et de prévoir.

Au lieu de comprimer ainsi les libres initiatives de la prévoyance, l'Etat a le devoir de les provoquer et de les encourager, de manière à restreindre le champ de l'assistance. Il doit ne se résigner à l'action directe qu'à contre-cœur, quand il s'agit d'un grand intérêt public, qui, sans lui, resterait en souffrance, et pour suppléer momentanément à la torpeur, à l'égoïsme, à l'impuissance de l'initiative privée; mais, même dans ce cas, il s'efforcera de promouvoir cette initiative et de la guider, loin de l'entraver et de la supplanter; il se donnera pour tâche de se rendre inutile, de renoncer à son intervention dès qu'elle ne sera plus indispensable, en un mot, de se borner à veiller de haut sur les services accomplis librement par les associations de tous les degrés.

IV. — La famille.

Parmi ces associations, devant lesquelles l'Etat doit respectueusement s'effacer chaque fois qu'elles peuvent suffire, j'ai cité au premier rang la famille, et j'y reviens en achevant cette rapide esquisse de la division du travail entre les divers facteurs sociaux.

La famille est la véritable molécule d'un pays. Il n'est pas formé d'individus, mais de familles et vaut ce que vaut la famille elle-même. De la solidité de la famille ou de ses défaillances dépendent la prospérité ou la décadence publiques. La famille est comme l'observatoire où l'on doit se placer pour apprécier les faits et les institutions. Toute mesure qui la fortifie est bonne; est mauvaise, au contraire, toute mesure qui l'ébranle ou la désagrège.

Tel est, en matière sociale, le critérium qui permet de marcher sans hésitation sur ce terrain difficile et semé de fondrières.

Quand la famille est saine et fortement constituée, elle assure, sans mécanismes spéciaux, ses membres contre les crises de la vie.

C'est ainsi qu'elle a, pendant de longs siècles,

résolu le problème de la vieillesse, tout aussi simplement et spontanément que celui de l'enfance.
Au point de vue de leur puissance à satisfaire leurs
besoins, les âges extrêmes se ressemblent. Pas
plus que l'enfant, le vieillard ne peut, pour sa sub-
sistance, se passer d'un secours extérieur. Jusqu'ici la loi, exauçant la prière d'une romance
populaire, « a laissé les enfants à leur mère,
comme les oiseaux à leur nid »; mais, puisque sa
sollicitude s'exerce maintenant sur le vieillard et
s'efforce de lui garantir le bienfait des retraites
ouvrières, il se pourrait bien qu'un jour la fantaisie prît à l'Etat de prétendre, comme à Sparte,
que les enfants lui appartiennent et, qu'à la suite
de cette découverte, il instituât une grande « pou-
ponnière » nationale, où les enfants, confiés à des
nourrices assermentées et estampillées, seraient
entourés de l'hygiène la plus scientifique, sous le
contrôle vigilant d'une inspection fortement organisée.

Nous n'en sommes pas encore là, il est vrai;
mais, tandis qu'autrefois la famille soignait les
petits enfants, qui, une fois devenus grands, ren-
daient la pareille aux parents devenus vieux, on
ne lui laisse plus aujourd'hui que le premier service et l'on s'efforce, pour le second, d'y suppléer
par des combinaisons, dont la redoutable compli-

cation et les charges écrasantes font à bon droit reculer le législateur et qui répartissent ces charges entre l'État, le travailleur et son patron, sans rien demander aux enfants, dispensés par la loi du devoir filial.

Pour résoudre le problème de l'alimentation infantile, la mère n'a qu'à dégrafer son corsage et à donner le sein à son poupon : de même, il suffit, pour résoudre le problème de la vieillesse, qu'un fils pieux recueille son père à son foyer et, jusqu'au dernier jour, l'entoure de soins et d'amour ! Quelle merveilleuse simplicité dans cette action de la famille, quand on la compare à ce formidable appareil de la bureaucratie, avec l'implacable uniformité de ses solutions et le terrifiant cortège de ses inspecteurs, de ses percepteurs et de ses gendarmes !

Il en va de même pour le paupérisme, cet épouvantail moderne, que supprimait la famille souche, sans bruit, sans hospices, sans administration, sans attirail quelconque, en ouvrant largement le foyer patrimonial à ceux de ses membres qu'avait blessés la vie.

L'organisme humain est le siège de phénomènes « réflexes », qu'on ne soupçonne pas à l'état normal. On ne commence à s'occuper d'eux que le jour où leur organe est atteint, et, s'il est décidément perdu, l'organe artificiel, qu'on lui substitue, s'acquitte de son œuvre d'une façon incorrecte et pénible, au lieu de la grande et majestueuse simplicité du fonctionnement naturel. De même, quand la famille est entamée, les institutions d'Etat qu'on imagine pour suppléer à ses défaillances sont lourdes et gauches, comme une mauvaise « doublure » de théâtre vis-à-vis de son chef d'emploi. Au lieu de la belle santé qui correspond à l'état de nature, nous sommes en pleine pathologie sociale.

Du moins, quand nous combinons nos institutions d'assistance et de prévoyance, faudrait-il avoir toujours — comme le navigateur vers l'étoile polaire — les yeux fixés sur la famille.

Par exemple, en matière d'assistance, au lieu de placer les vieillards dans un hospice, qui les réduit à n'être plus qu'un numéro matricule, les déracine et leur retire tout ce qui fait la raison d'être et le prix de la vie, devrait-on s'attacher à les secourir dans leur milieu familial. Si le vieillard et sa femme sont à la fois encore en vie, l'humanité commande de ne pas les séparer pour les mettre dans deux établissements distincts, et de laisser ce couple de Philémon et Baucis achever son existence comme il l'a menée jusque-là.

L'assistance se trouve transformée par la conception familiale. Du moment où la famille est son objet, c'est la famille tout entière qu'il faut ausculter, pour diagnostiquer d'abord le mal dont elle souffre et lui appliquer ensuite le traitement correspondant à ce mal. Par exemple, une femme tend la main dans la rue; il se trouve que la lésion familiale n'est pas en elle, mais dans son mari qui est malade ou qui manque de travail. Si donc l'on veut secourir efficacement ces pauvres gens, ce n'est pas de la femme qu'il faut s'occuper, mais du mari pour le guérir ou le placer.

Chacune des œuvres d'assistance ayant son rôle limité par la division du travail, une seule d'entre elles ne peut embrasser toutes les maladies de la famille.

Il faut donc que les diverses œuvres nouent entre elles une entente cordiale. Si celle qui s'intéresse aux femmes était séparée par une cloison étanche de celle qui a pour spécialité la maladie ou le chômage, elle s'obstinerait à porter stérilement son effort là où n'est pas la vraie cause du mal; elle entretiendrait la misère, au lieu de la tarir. Avec la préoccupation de l'unité familiale, au contraire, et le rapprochement des œuvres dans une sorte de *clearing house* de la charité, chaque cas particulier serait traité par la médication dont il a besoin, et l'on conjurerait ainsi les gaspillages, les doubles emplois et le parasitisme des professionnels de la mendicité.

La notion de la famille permet donc d'aller surprendre le mal à sa source pour le prévenir, et de lui appliquer le remède approprié. Elle fait succéder à la période d'isolement et de dispersion celle de l'organisation méthodique, et elle coordonne, pour leur plus grand profit réciproque, l'action des diverses œuvres, aussi bien celles de l'assistance publique que de la bienfaisance privée.

Cette notion peut encore guider les législateurs et les administrateurs dans le règlement de la question du repos hebdomadaire, qui est pour eux à l'heure actuelle l'occasion d'embarras inextricables. L'intérêt supérieur de la famille, c'est que tous ses membres disposent d'une journée, la même pour chacun d'eux, où ils puissent se rapprocher et vivre de la vie familiale. Un repos par roulement, qui assignerait à ces divers membres des jours différents, serait aussi dissolvant que le repos dominical est bienfaisant et fécond. Par conséquent, à considérer l'intérêt de la famille, il faut adopter pour le repos le dimanche, en dehors des dérogations strictement nécessaires à la continuité de la vie nationale et aux exigences indiscutables de l'industrie.

La Mutualité fournit une nouvelle justification de la conception familiale.

Dominée, jusque dans ces derniers temps, par le point de vue individualiste, la Mutualité soignait le père malade, mais elle ignorait les autres membres de la famille et les maladies dont ils pourraient être atteints. De même encore, quand elle lui attribuait une retraite, c'était sous la forme d'une pension viagère, qu'il emportait avec lui et dont rien ne devait revenir à la veuve et à ses orphelins.

En égard au rôle que joue aujourd'hui la femme dans la société, l'exclusion qui la frappait était à la fois un anachronisme, une injustice et une imprudence. Heureusement, la Mutualité l'a compris et commence à se transformer, en prenant désormais pour unité, non plus l'individu, mais le bloc compact formé du père, de la mère et de l'enfant : c'est la famille tout entière qui entre dans le groupement mutualiste, sauf à payer des cotisations proportionnelles aux risques qu'elle apporte. Tous les membres de la famille sont soignés en cas de maladie, et la rente viagère du père est complétée par une assurance en cas de décès, au profit de ses ayant-droit.

Telle est la *Mutualité familiale,* qui fait chaque jour de nouveaux progrès dans le monde mutualiste et qui, solennellement adoptée par le récent

Congrès de Nice, a servi de support à toutes ses résolutions.

En accomplissant cette évolution, la Mutualité gagnera de mettre à son service cette force morale qui réside dans la famille et dont elle ne saurait impunément se passer. Ainsi fortifiée par ce principe de vie et par l'organisation fédérative dont j'ai dit plus haut la puissance, elle deviendra capable de résoudre, parallèlement avec les caisses patronales, le grand problème des retraites ouvrières, par les souples et vivantes solutions de la liberté, qui, seule, fait la beauté des institutions sociales, leur mérite et leur fécondité.

Je ne donnerai plus qu'un dernier exemple pour achever de démontrer la sûreté du principe de la famille comme critérium social, et je l'emprunterai à l'habitation.

La maison est l'alvéole de la famille, on peut presque dire sa coquille ou son nid. Elle a les relations les plus étroites avec elle, est associée à sa vie intime et exerce sur sa destinée une influence décisive pour le bien comme pour le mal. En retournant une devise antique, on peut dire qu'il ne saurait y avoir de « famille saine » dans une maison « malsaine », tant sont désastreuses les conséquences du taudis sur la santé, sur la moralité et sur le bien-être de ses habitants. Il est la source empoisonnée d'où découlent la plupart de nos misères sociales, et c'est en vain, par exemple, qu'on essaiera de tarir la tuberculose et l'alcoolisme tant qu'on n'aura pas eu raison de leur principal pourvoyeur.

Considérée au point de vue social, la maison n'est donc pas un simple assemblage matériel de briques, de pierres et de charpentes, mais elle apparaît comme une sorte de prolongement de la personnalité familiale et elle participe dès lors aux égards qu'on doit à la famille elle-même.

De là tous les efforts entrepris pour la construction de maisons neuves et pour l'assainissement des maisons existantes; de là, aussi, la campagne entamée pour propager l'enseignement ménager; car, pour garder salubres les logements livrés tels par l'architecte, il faut une ménagère qui sache non seulement les tenir propres, mais encore les rendre aimables et riants; par là même, retenir le père au logis et tarir à la fois toutes les misères qui prennent leur source dans le logement répugnant et malsain.

V. — Résumé et Conclusions.

En résumé, les considérations que je viens d'exposer rapidement me semblent de nature à débrouiller la complexité de la matière sociale, en assignant son rôle et sa place à chacun des facteurs sociaux.

A la base, l'élément primordial, la véritable molécule des sociétés humaines, la famille, qui demeure alors que tout passe, et dont il faut avant tout sauvegarder les intérêts et fortifier la constitution.

Au-dessus d'elle, s'étageant en groupements harmonieux et hiérarchisés, les associations libres, de divers degrés et désormais capables, grâce à leur forte organisation, d'aborder et de résoudre avec succès ces graves problèmes sociaux qu'a posés l'avènement de la démocratie et qui sont à la fois l'angoisse et l'honneur de notre temps.

Enfin, au sommet, l'Etat, s'attachant à développer et à encourager les initiatives privées, ne se résignant que malgré lui à l'intervention directe, là seulement où la grandeur et la nature de la tâche dépassent la taille des associations les plus hautes, et même, dans ce cas, faisant le plus largement possible appel au concours des groupements libres pour soulager ses propres responsabilités et préparer son effacement graduel.

E. Cheysson,
Membre de l'Institut.

CE QUI DIFFÉRENCIE

L'ÉDUCATION DES FILLES
DE CELLE DES GARÇONS

PAR

M. Gabriel COMPAYRÉ
INSPECTEUR GÉNÉRAL DE L'INSTRUCTION PUBLIQUE,
MEMBRE DE L'INSTITUT

CE QUI DIFFÉRENCIE

L'ÉDUCATION DES FILLES
DE CELLE DES GARÇONS

Dans cette École des Mères où j'ai le plaisir de prendre pour la seconde fois la parole, de quoi pourrais-je plus utilement vous entretenir que d'une question relative à l'instruction des jeunes filles, et de l'orientation qu'il convient de donner à l'éducation féminine?

Nous allons donc nous demander ensemble si l'instruction des femmes, quelque étendue qu'on la souhaite, ne doit pas sur certains points se distinguer, se différencier de l'instruction des hommes.

Et peut-être cette étude sera-t-elle de nature à nous confirmer dans cette idée que des écoles comme celle-ci, écoles d'éducation familiale et ménagère, sont nécessaires et le deviendront chaque jour davantage; à nous faire mieux com-

7

prendre combien il est souhaitable que l'*Ecole des Mères* vive, prospère et se développe, et qu'elle ne soit pas seulement soutenue par l'énergie personnelle de la vaillante femme qui la dirige, qu'elle le soit aussi par la sympathie et le concours des bons citoyens et de toutes les femmes de cœur.

Nous n'en sommmes plus aujourd'hui à plaider la cause de l'instruction des femmes. Sans doute la race des Chrysales, des partisans de l'ignorance, n'est pas radicalement éteinte, et il se rencontre encore de loin en loin quelques hommes qui, dans leurs préjugés vieillis, dans leur égoïsme de mâles, dénient à ce qu'ils appellent dédaigneusement « le sexe faible », la force d'esprit, la puissance intellectuelle qu'il faut avoir pour acquérir une instruction développée, pour s'ouvrir les portes de la science. Heureusement les faits donnent un éclatant démenti à ces opinions surannées, et l'on peut affirmer qu'à l'heure présente, dans tous les pays civilisés, les femmes ont définitivement conquis le droit au savoir.

Ne nous imaginons pas d'ailleurs que nous ayons fait une découverte en reconnaissant ce droit et en l'inscrivant dans les lois; par exemple dans la loi du 21 décembre 1880, la loi Camille Sée, qui a créé en France l'enseignement secondaire public des jeunes filles.

Il y a longtemps que de généreux esprits, devançant leur siècle, ont proclamé que les femmes, d'une part, *peuvent* être instruites à l'égal des hommes, et d'autre part, qu'elles *doivent* l'être.

Elles le *peuvent*, car en fait de mémoire, de pénétration d'esprit, d'aptitude à comprendre, de puissance d'intuition, la plupart d'entre elles n'ont rien à envier aux hommes. C'est ce qu'affirmait déjà avec force, dès la première moitié du dix-septième siècle, le grand pédagogue slave Coménius, qui a été de plusieurs façons le précurseur original et hardi de la pédagogie moderne.

« Il n'y a pas de motif, écrivait-il, pour priver les filles de l'étude des sciences. Elles sont les égales des garçons; elles ont comme eux en partage une intelligence capable de s'élever à la sagesse, et il s'en trouve quelques-unes qui sont plus douées que les hommes... Pourquoi voudrions-nous ne les admettre qu'à l'A B C des sciences? Est-ce parce que nous nous défions de leur frivolité? Mais plus nous leur aurons appris à réfléchir, moins elles seront frivoles, car la frivolité est généralement la conséquence de l'ignorance... »

Qui croirait que ces sages et fortes paroles ont

été écrites vers 1630, quelques années avant que Fénelon, dans son beau traité de l'*Education des filles*, prenant une attitude toute contraire, se laissât aller à mettre presque sur le même rang la science et le vice, puisqu'il écrivait cette phrase souvent citée et bien à tort admirée : « Il doit y avoir pour la femme une pudeur sur la science presque aussi délicate que celle qu'inspire l'horreur du vice. »

Nous ne comprenons plus aujourd'hui ce que la pudeur féminine aurait à voir en cette affaire, et nous pensons, au contraire, que la vérité, toute la vérité, la vérité morale, la vérité scientifique, ne saurait être le privilège des hommes à l'exclusion des femmes.

Mais s'il est certain que la femme *peut* être instruite, ce qui ne l'est pas moins, c'est qu'elle *doit* l'être, qu'il faut qu'elle le soit.

Condorcet, le grand apôtre du progrès au dix-huitième siècle, en donnait déjà les raisons. Il faut que les femmes soient instruites, disait-il ; d'abord pour qu'elles puissent élever leurs enfants, dont elles sont les institutrices naturelles... Ce n'est pas ici, dans cette *Ecole des mères*, que nous pourrions être insensibles à cette raison. Mais il le faut, en second lieu, pour qu'elles soient les dignes compagnes de leurs maris, pour qu'elles puissent vivre de leur vie morale, participer à leurs pensées, partager leurs sentiments. Il le faut, enfin, — et ceci est une raison générale qui ne vise pas seulement la future épouse et la future mère, et qui vaut pour toutes les femmes, — il le faut, « parce que cela est juste », parce qu'il est de droit naturel que la femme, égale de l'homme, reçoive comme lui la culture intellectuelle et devienne comme lui un être pensant, un être libre, une personne enfin.

A vrai dire, cette dernière raison est la raison capitale, qui prime et domine les autres, qui à elle seule suffit pour légitimer la participation des femmes à tous les degrés de l'instruction, primaire, secondaire et supérieure. Les deux autres raisons sont excellentes aussi, bien qu'à vrai dire j'aime moins celle qui, visant l'épouse future, demande que la femme s'instruise afin de pouvoir s'associer intimement aux occupations et aux affaires de son mari. Il me semble, en effet, y retrouver quelque chose de ce que j'appelais tout à l'heure l'égoïsme du mâle, qui veut que sa conjointe ait reçu une éducation complète afin de faire son bonheur à lui. C'était l'erreur de Rousseau, qui en a commis tant d'autres, et qui, traçant le portrait de la femme accomplie, telle qu'il la concevait, déclare que son éducation doit être toute subordonnée, toute relative à sa destinée d'épouse.

Sophie, la compagne qu'il destine à son Emile, n'a été instruite que pour plaire à son mari, pour lui être utile, pour le rendre heureux. Sans doute, il est indispensable que l'éducation prépare la jeune fille à son rôle conjugal, mais ce qui l'est aussi, c'est qu'elle soit instruite pour elle-même, avant de l'être pour les autres.

Quoi qu'il en soit, il est manifeste que les arguments qui justifient l'instruction de la femme et qui imposent à la société le devoir de la lui procurer sont connus depuis longtemps. Et, alors que les principes ont été énoncés avec tant de netteté par Coménius, par Condorcet, par d'autres qu'on pourrait citer, on a lieu de s'étonner que tant d'années soient passées, que des siècles se soient écoulés avant qu'on ait songé et réussi à les mettre en pratique. Comment s'expliquer qu'on ait tardé si longtemps à reconnaître officiellement l'injustice dont les femmes ont souffert dans le passé, et à créer pour les jeunes filles, comme pour les garçons, des écoles publiques, des collèges et des lycées! A quoi attribuer cette lenteur du progrès? Serait-ce à la défiance qu'inspirait aux hommes, jaloux de leur domination et intéressés à la maintenir, la perspective inquiétante de l'émancipation intellectuelle de l'autre moitié du genre humain? Serait-ce à ce sentiment dont Labruyère définissait si finement les origines quand il écrivait, félicitant les hommes de l'ignorance des femmes : « Les hommes sont heureux que les femmes, qui les dominent par tant d'endroits, aient sur eux cet avantage de moins. »

Non, assurément, ce n'est pas seulement à raison de cette préoccupation mesquine de leurs intérêts propres et de la conservation de leurs privilèges, — « Du côté de la barbe est la toute-puissance », — que les hommes ont témoigné si longtemps la plus parfaite indifférence, quand ce n'était pas une hostilité déclarée, à l'égard de l'instruction féminine.

C'est ailleurs qu'il faut chercher les vraies causes du déni de justice dont les femmes ont eu si longtemps à se plaindre. D'abord, — il faut bien l'avouer, — il y a une part à faire à la résistance de l'Eglise. L'Eglise craignait que la recherche du savoir ne fût le chemin de l'incrédulité, et que la jeune fille, en acquérant la science, ne perdît la foi. Et l'opposition a été particulièrement violente chez certains théologiens fanatiques, qui, sous prétexte de servir Dieu, aspiraient à asservir l'humanité, et qui pensaient que le meilleur moyen de parvenir à leurs fins était de maintenir les femmes dans l'ignorance.

Ce n'est pourtant pas d'eux, d'eux seulement, que la raison humaine a dû triompher pour établir la thèse de l'égalité des deux sexes devant l'instruction. Même chez de libres esprits, on a vu jusqu'à nos jours persister je ne sais quel aveuglement, qui les empêche de reconnaître les droits de la femme et de l'admettre à un partage égal. Comment s'y décider, en effet, si, par suite d'une erreur psychologique, d'une fausse appréciation de la nature des femmes, on reste convaincu qu'elles sont radicalement inférieures à l'homme?

Or, il ne faut pas se le dissimuler, ce préjugé n'a pas complètement disparu. Même au dix-neuvième siècle, même dans ce vingtième siècle naissant, on a entendu, on entend encore quelques voix discordantes qui ont fait résonner leurs fausses notes dans le concert d'hommages que leurs sympathies pour la femme, leur juste estimation de ses aptitudes intellectuelles, de ses forces morales, inspirent à la plupart de nos contemporains. Je ne vous citerai que quelques-uns des dénigreurs; il est inutile de les signaler tous, de les livrer tous à votre très légitime ressentiment.

Voici, par exemple, ce qu'Auguste Comte, le père du positivisme français, écrivait à Stuart Mill, le chef du positivisme anglais :

« L'assujettissement social des femmes sera nécessairement indéfini, parce qu'il repose sur une infériorité naturelle que rien ne saurait détruire. »

Auguste Comte parlait ainsi avant qu'il eût connu et apprécié l'amie de ses vieux jours, Mme Clotilde de Vaux, celle qu'il a admirée et prônée avec tant de ferveur, — et, cela vous réconciliera peut-être avec lui, — celle qu'il appelait une « nouvelle Béatrice », un « ange méconnu », son « évangélique disciple », une « incomparable inspiratrice ».

Si les hommes se plaisent à répéter que la femme est inconstante, mobile, — la *donna e mobile*, — les femmes ne seraient-elles pas autorisées à leur retourner ce mauvais compliment, ne fut-ce qu'en considérant la diversité, la contradiction des jugements qu'ils portent sur elles? Ainsi prenons encore Renan, Renan lui-même. Son admirable sœur Henriette lui avait appris ce qu'il peut y avoir de finesse d'esprit et d'exquise délicatesse dans l'âme d'une femme; et sous cette impression il écrivait :

« Quand la femme joint la raison et l'instruction à ses instincts qui font d'elle un écho si direct de la nature, alors c'est la perfection!... »

Et c'est pourtant le même Renan qui a dit ailleurs :

« La femme a la charge du bien », — et c'est assurément lui assigner déjà un beau rôle! — Mais il ajoutait aussitôt : « Le vrai ne la regarde guère... », et par là il semblait interdire aux femmes tout au moins la recherche du vrai, la culture scientifique.

Voulez-vous encore un autre exemple? Ces jours derniers, dans une intéressante conférence, M. d'Haussonville nous faisait connaître les liens de noble amitié qui ont uni Lamennais, le célèbre auteur des *Paroles d'un croyant*, avec une femme des plus distinguées, Mme Cottin. Il faisait état d'une correspondance qui a duré pendant de longues années, et où Lamennais témoigna de ses sentiments de respect et d'admiration pour celle auxquelles ces lettres intimes étaient adressées. Et c'est pourtant ce même Lamennais qui s'est permis de dire :

« Je n'ai jamais rencontré une femme qui fût en état de suivre un raisonnement pendant un quart d'heure... »

Ces lignes injurieuses, il faut croire que Lamennais les avait écrites avant qu'il eût fait la connaissance de Mme Cottin...

Croiriez-vous que cette année même un savant, un naturaliste genevois, Carl Vogt, s'est donné la peine de composer un gros volume de 350 pages, dont le titre : *Sexe faible*, indique tout de suite les tendances, et où, sous prétexte de riposter aux exagérations et aux utopies du féminisme, il déblatère contre les femmes avec une violence aussi injuste que passionnée? M. Carl Vogt s'efforce par tous les moyens d'établir l'infériorité de leur intelligence et celle aussi de leur caractère. « Dès que, dans un examen, dit-il, on fait appel au raisonnement intellectuel et non plus à la mémoire, la jeune fille ne répond pas : l'examen est fini; il n'y a plus personne !... » Ce n'est pas seulement l'impuissance logique, l'inaptitude au raisonnement que Carl Vogt prétend dénoncer chez la femme, et ce qu'il ose appeler « sa morne bêtise ». Ce terrible représentant du sexe fort n'est pas moins dur pour le caractère féminin. Ecoutez seulement, pour en juger, les titres de quelques-uns des chapitres de son livre : « Violence aveugle des affections de la femme; — Son entêtement; — Son égoïsme; — Son manque de tact; — Sa méchanceté »; et enfin, — ceci est le bouquet : — « Sa férocité. »

Mais ne nous arrêtons pas plus longtemps à cette insolente diatribe, qui prouve simplement qu'il peut arriver, même à un savant du sexe masculin, de manquer absolument d'esprit de justice et aussi de justesse d'esprit. S'il croit pouvoir reprocher aux femmes qu'elles manquent de pondération dans leur jugement, avouons qu'il serait difficile, même à la féministe la plus exaltée, d'en avoir moins que M. Carl Vogt.

Je m'en voudrais d'avoir fait une réclame à ce

vilain livre; mais, je suppose que le peu que je vous en ai cité vous aura ôté toute envie de le lire.

*
* *

Ne nous laissons pas troubler ni inquiéter par les protestations isolées de quelques rares détracteurs. L'obligation impérieuse d'appeler les jeunes filles aux bienfaits de l'instruction, et la possibilité de le faire avec succès, sont chose démontrée aux yeux de tous les gens sensés. Mais une autre question se pose, une question qui relève à la fois de la psychologie et de la sociologie. Les écoles, les lycées, les universités, tous les degrés de l'enseignement sont accessibles aux deux sexes. La table de la science, pour ainsi dire, est dressée pour tout le monde. Jeunes filles et jeunes hommes sont également conviés à y prendre place. Mais sera-ce pour s'y nourrir de la même manière, pour toucher à tous les plats? De même que son tempérament physique, plus délicat, interdit à la femme les vins capiteux, les liqueurs fortes, que peut supporter l'estomac plus solide de l'homme, de même qu'il y a une physiologie féminine qui rend dangereux pour les jeunes filles les exercices violents de la boxe et du foot-ball; — de même, quand on se place au point de vue des facultés morales, n'y-a-t-il pas, dans la nature propre de la femme, dans les caractères de son intelligence, et aussi dans sa destination familiale et sociale, des lois psychologiques, des lois sociologiques qui s'opposent à ce qu'elle reçoive la même nourriture intellectuelle que l'homme?

En d'autres termes, si l'instruction littéraire et scientifique est due aux deux sexes, est-ce la même forme, est-ce le même fonds d'instruction? Est-ce un programme identique d'enseignement qui convient à l'un et à l'autre? Et à supposer qu'on puisse leur proposer les mêmes études, est-ce exactement de la même manière qu'on les leur présentera, avec des méthodes identiques, sans que rien distingue les procédés d'enseignement et l'orientation générale de l'éducation?

A cette question, on a répondu différemment. Les Américains des Etats-Unis ont tranché résolument le problème par l'affirmative, puisqu'ils ont adopté dans leurs écoles de tout ordre — dans leurs écoles secondaires, dans leurs collèges aussi bien que dans leurs écoles primaires — le régime du coenseignement et de la coéducation, le régime qui confond les deux sexes dans la communauté des mêmes études. Je dois dire qu'ils ne l'ont pas fait, d'ailleurs, sans soulever les protestations de quelques psychologues avisés, de sociologues prévoyants, et aussi de médecins prudents, qui redoutent qu'un travail cérébral trop intense ne soit préjudiciable à la santé .des jeunes filles et contraire à leur vraie destinée. J'ajoute que ces protestations n'ont pas cessé, et que même, d'après certains indices, à l'heure présente, elles redoublent d'acuité. La coéducation perd un peu de terrain, sinon dans la pratique et dans les faits, du moins dans l'esprit des philosophes et des penseurs d'Amérique.

Nous n'hésitons pas, quant à nous, à répondre par la négative, et à affirmer qu'on se met en opposition avec les lois de la nature si l'on soumet les deux sexes au même régime scolaire, à un programme d'études unique, à des enseignements absolument identiques... Ce serait méconnaître, en effet, cette vérité certaine que l'égalité des deux sexes n'exclut pas leur différence. Même les tout petits, fillettes et garçons, n'ont pas les mêmes goûts, les mêmes sentiments, les mêmes aptitudes. On ne met pas une boîte à soldats aux mains d'une gamine, ni des poupées aux mains du petit garçon. Mais c'est surtout quand les enfants ont grandi, quand est venu l'âge de la puberté et de l'adolescence, que les différences, que les diversités morales s'amplifient et se fixent. A partir de douze ou treize ans, l'adolescent et l'adolescente sont des personnages très différents. Les âmes, alors, ont véritablement un sexe : de sorte qu'il y a deux psychologies de l'adolescence, celle du jeune homme et celle de la jeune fille.

Or, s'il est vrai, — et comment le contester?— qu'il y a une psychologie féminine, il doit y avoir par suite, une pédagogie féminine, une pédagogie qui se conforme aux exigences de l'organisme physique de la femme, et qui s'adapte aux modalités de son intelligence et de sa sensibilité. Voilà pourquoi nous estimons d'abord que les matières de l'enseignement ne sauraient être en tout les mêmes, dans une classe de jeunes filles que dans une classe de garçons ; ensuite, que dans le cas où les enseignements sont les mêmes, la forme, au moins, doit varier ; que, sans amoindrir la substance de l'enseignement, la manière de le donner peut être différente ; et qu'enfin il est nécessaire et il est possible, pour tout dire d'un mot, de « féminiser » les études sans les efféminer, sans les affaiblir.

« Féminiser » n'est pas un mot nouveau ; c'est un terme de grammaire qui voulait dire : mettre au genre féminin un mot du genre masculin ; par exemple, quand on écrivait au dix-septième siècle, « une folle amour », « une amour violente ». C'est bien dans le même sens, que nous entendons à notre tour, le mot « féminiser », M. Camille Sée, le premier, je crois, s'en est servi pour l'appliquer en pédagogue. Ce que nous demandons, en effet, c'est qu'on mette au féminin, à l'usage des jeunes filles, l'enseignement masculin, tel qu'on l'avait organisé pour les garçons.

En cela, nous sommes d'accord avec la plupart des éducateurs qui, au dernier siècle, se sont occupés de la question. Nous le sommes, par exemple, avec Ernest Legouvé, un de ceux qui ont présidé aux débuts de l'Ecole normale supérieure de Sèvres, et qui disait dans une heureuse formule : « Oui, la femme est l'égale de l'homme, mais elle ne lui est pas semblable en tout : de telle sorte que la règle fondamentale de l'éducation féminine doit être « l'égalité dans la différence », ou la différence dans l'égalité.

Nous sommes d'accord aussi avec Michelet, bien qu'on puisse trouver qu'il exagère la différence. Dans son livre *La Femme,* où il exalte avec tant de poésie les qualités féminines, Michelet affirmait que la substance même de l'éducation doit être tout autre pour les garçons que pour les filles.

« Si l'on veut mieux réussir dans l'éducation qu'on ne l'a fait jusqu'ici, il faut, écrivait-il, marquer sérieusement les différences profondes qui, non seulement séparent les deux sexes, mais qui

les opposent même, les constituent symétrique-
ment opposés. Autres sont leurs vocations et leurs
tendances naturelles. Autre par conséquent doit
être leur éducation[1]. » En se laissant aller, dans
sa phraséologie grandiloquente, aux exagérations
qui lui étaient coutumières, il disait, dans des formules plus solennelles que justes : « L'éducation
du garçon, dans l'idée moderne, consiste à *organiser une force*; l'éducation des filles, à *harmoni-
ser une religion*. » Tout cela, vraiment, n'est pas
très clair. On comprend plus aisément ce que
Michelet voulait dire, sans qu'on puisse d'ailleurs
l'approuver, quand il parque les études des deux
sexes dans deux domaines distincts : pour
l'homme, d'après lui, la grande étude, ce serait
l'histoire; pour la femme, ce serait la nature.

De préférence à ces spéculations un peu ambitieuses ou même fausses, nous aimons mieux retenir de Michelet l'exemple pratique qu'il nous a
donné lui-même, lorsque, s'attachant à compléter
l'éducation de sa femme, si tendrement aimée, il
se faisait son professseur d'histoire. Convaincu
comme il l'était que, dans l'enseignement qui convient aux femmes, il faut « que *l'idéal soit toujours mêlé au réel* », il s'étudiait, sans rien retran-

____

1. Michelet, *La Femme*, p. 116.

cher du récit fidèle des faits, de la description exacte des réalités, il s'étudiait à en faire ressortir le caractère poétique, à y mettre en lumière les aspects nobles et élevés. Le grand historien, qui s'est incliné avec un pieux respect patriotique devant la figure de Jeanne d'Arc, qui a si éloquemment glorifié sa mémoire, — répondant ainsi d'avance à ce que j'appellerai volontiers l'impiété des détracteurs actuels de notre grande héroïne, — ce grand historien voulait que la leçon d'histoire ne fût pas seulement une leçon de vérité, mais une leçon de beauté, de beauté morale. Mme Michelet, bonne élève d'un maître excellent, nous a appris elle-même combien elle avait profité de l'effort touchant que son mari accomplissait pour accommoder à un esprit féminin la sévérité adoucie d'un cours d'histoire. « Car il est vrai, écrivait-elle, que la femme qui n'a pas fait la faute de se viriliser jusqu'à en perdre l'élément essentiellement féminin, la délicatesse, la grâce, imposera toujours à l'homme, qui raconte sa pensée devant elle, d'y mettre des nuances dont il aurait beaucoup moins de souci s'il était seul avec un autre homme. Les mêmes choses seront dites, mais ce sera dans une autre langue[1] ».

1. Mme Michelet, Préface au livre *Ma jeunesse*, 1884, p. XXIII.

Une autre langue, une autre forme, une autre manière de dire, c'est l'art du professeur qui seul peut les trouver, en se rapprochant le plus possible, pour s'en inspirer, et des caractères et des tendances de l'âme féminine. On a pu dire que pour approprier l'enseignement à la faiblesse des enfants, il fallait le leur présenter « sous une forme lactée ». De même, quand on s'adresse à des jeunes filles, ne convient-il pas que la méthode d'instruction soit plus douce, plus attrayante, qu'elle leur impose moins de fatigue et moins de surmenage?

* * *

Mais, si l'on veut être fidèle au principe de la différence dans l'égalité, ce ne sera pas seulement la méthode qu'il faudra féminiser. Ce sont aussi les programmes qu'il s'agit de modifier, les objets d'études qu'on doit différencier ou tout au moins nuancer.

Telle a bien été l'intention des rédacteurs de notre plan français d'études secondaires, établi en 1882, retouché en 1897. Ce plan, qui date déjà de vingt-cinq ans, est devenu la charte scolaire de nos lycées de jeunes filles; ces lycées qui, si violemment décriés à l'origine, attaqués, injuriés par la presse hostile et parfois même ridiculisés au théâtre, n'en ont pas moins triomphé de toute les défiances, et, avec un nombre toujours croissant d'élèves, poursuivent vaillamment, victorieusement, leur marche en avant.

Est-ce à dire que les programmes qu'on a dressés pour les études de nos lycéennes échappent à toute critique et qu'ils soient tout à fait au point? Quelques efforts qu'on ait fait pour les alléger, ne sont-ils pas encore un peu lourds et surchargés dans certaines parties? M. Camille Sée les aurait désirés plus simples, moins encombrés de science, surtout de sciences abstraites.

« Il semble, disait-il, que les régulateurs de la nouvelle Université — l'Université féminine — aient pensé qu'ils n'avaient qu'à copier l'ancienne, en l'affaiblissant un peu; qu'ils avaient affaire à des esprits de même sorte, à des destinées identiques. C'est une erreur colossale. »

Les intentions des organisateurs du programme féminin étaient cependant excellentes, et leurs déclarations en font foi. Henri Marion, le rapporteur du Conseil supérieur, disait en 1882 :

« Si quelque chose doit constituer essentiellement l'enseignement secondaire, c'est la culture littéraire, si propre à élargir et à assouplir l'esprit. »

Il estimait donc qu'il faut faire plus grande la

part des lettres et restreindre celle des sciences. Et du programme de cet enseignement littéraire, M. Henri Bernès, le rapporteur de la réforme de 1897, disait quand il en définissait l'esprit :

« Nous avons cherché ici à simplifier, à concentrer, à éliminer des études trop spéciales. »

On ne s'est pas préoccupé seulement de simplifier; on a élagué. D'abord, on a supprimé les langues mortes; pas de latin, pas de grec. Les *Femmes savantes* de Molière auraient protesté; mais, pour notre part, nous ne saurions regretter cette suppression. Considérons, en effet, qu'à l'heure actuelle, dans les lycées et les collèges de garçons, plus de la moitié des élèves, 52 ou 53 p. 100 reçoivent un enseignement sans grec ni latin, un enseignement exclusivement moderne, et qu'ils ne s'en trouvent pas plus mal. De la philosophie on n'a conservé, pour les classes de jeunes filles, que le cours de morale, et un cours de psychologie élémentaire qui n'est présenté que dans ses rapports avec la morale et l'éducation. Les sciences sont enseignées; mais, dans leurs éléments seulement, à part l'arithmétique, que Fénelon recommandait déjà aux jeunes filles, et qui est particulièrement importante, puisqu'elle est indispensable à la femme pour administrer sa maison.

Un bon programme féminin ne se différencie

pas seulement par l'exclusion des enseignements qu'on y omet. Il vaut aussi par l'introduction des études, des sciences qui ne conviennent qu'aux femmes. Et c'est pourquoi les lycées enseignent et enseigneront de plus en plus tout ce qui concerne l'économie domestique, l'enseignement ménager, la cuisine, — le bonhomme Chrysale n'avait pas tout à fait tort : il ne faut pas oublier le pot-au-feu. — Les lycées féminins enseignent aussi avec une attention particulière l'hygiène, l'hygiène des vêtements, celle de la nourriture, de l'habitation, l'hygiène de la première enfance. Il serait tout à fait imprudent de s'en remettre aux parents seuls du soin de donner à leurs filles ces divers enseignements, qualifiés bien à tort d'accessoires et que la femme doit au contraire considérer comme essentiels pour son bonheur et pour le bonheur du mari. Un célèbre psychologue américain, M. Stanley Hall, qui s'est séparé avec éclat de ses compatriotes en signalant les inconvénients de la coéducation des sexes, a bien raison de dire qu'un collège de jeunes filles devrait être, avant tout, un temple consacré au culte de l'hygiène, « de la déesse Hygie ».

Abaissons le plus possible les barrières qui séparaient deux sexes, appelons-les tant qu'on voudra à communier dans les mêmes études, dans les mêmes idées ; mais n'oublions pas pourtant qu'il y a une éducation propre à la femme ; et que si pour les hommes, étant donné le rôle qui les attend dans la vie, on a créé des écoles professionnelles, Saint-Cyr pour les militaires, l'École des mines pour les ingénieurs, le Borda pour les marins et d'autres encore ; à l'usage des femmes il doit y avoir, non seulement des enseignements particuliers dans les lycées et les collèges, mais aussi des écoles spéciales, Écoles ménagères, Écoles des mères, où elles apprendront à faire tout ce qui est nécessaire qu'elles sachent pour être à la hauteur de leurs devoirs dans la vie, dans la famille et dans la société.

*
* *

Ce n'est pas, en effet, la seule considération de la nature morale de la jeune fille, de ce qu'il y a de particulier dans ses facultés intellectuelles, dans son imagination comme dans sa sensibilité, qui doit faire écarter l'idée d'une assimilation complète de son instruction à celle de ses camarades de l'autre sexe. Il y a une autre raison qui motive et justifie la même conclusion : c'est que la femme a un autre rôle à remplir, une autre destination dans le monde ; conséquemment elle doit être instruite et élevée d'une autre manière.

Il n'est pas douteux que beaucoup de jeunes filles ne soient assez bien douées par la nature pour être aptes à suivre jusqu'au bout, et avec un égal succès, un programme d'instruction intégrale. Mais, comme le disait le rapporteur de la loi Camille Sée au Sénat, M. Broca : « Il ne s'agit pas de donner aux jeunes filles toutes les connaissances qu'elles sont en état d'acquérir; il faut choisir ce qui peut leur être le plus utile, insister sur ce qui convient le mieux à leur future condition de mère de famille, et les dispenser de certaines études, pour faire place aux travaux et aux occupations de leur sexe. »

. Ah! sans doute nous ne sommes plus au temps où l'on confinait les femmes dans l'étroite enceinte domestique, ne leur demandant que d'être de bonnes épouses et de bonnes mères, et ou elles ne pouvaient prétendre ni aux fonctions publiques, ni même à beaucoup de professions sociales. Lorsque, au treizième siècle, Etienne Boileau cataloguait les métiers en usage de son temps, il n'en dénombrait que trois qui fussent alors accessibles aux femmes. Et peut-être estimait-il que ce fût encore trop! Que dirait-il aujourd'hui, si seulement il visitait ce petit village de l'Oise où nous conduisait ces jours-ci le reportage d'un journaliste parisien, et où tout est féminisé : le chef de gare, une femme! le facteur des postes, le tambour de ville, des femmes encore! en attendant que les suffragettes de l'endroit essaient, et y réussissent peut-être, de forcer les portes de l'Hôtel-de-Ville et d'y installer un maire ou des adjoints de leur sexe.

« Suffragette », un bien joli mot, soit dit en passant, quoique je m'étonne qu'il ait été accepté par les femmes ambitieuses et remuantes auxquelles on le donne et qui aspirent à être électeurs et même à être éligibles; car enfin « suffragette » est un diminutif, et il semble qu'il rabaisse d'avance, qu'il amoindrisse la valeur du petit vote, du petit suffrage qu'elles veulent avoir le droit d'émettre.

Mais il ne semble pas que les ambitions féminines en matière d'électorat municipal et politique soient près d'être satisfaites. Le jour n'est pas encore venu ou M. Escudié, le conseiller municipal de Paris de l'an dernier, cédera son siège à Mlle Laloë.

Que les femmes se consolent et se résignent sur ce point en considérant toutes les conquêtes qu'elles ont déjà faites, toutes les étapes que le féminisme a franchies depuis une cinquantaine d'années : la première femme bachelière, Mlle Juliette Daubié, en 1862, à Lyon, — avait quarante ans, nous avons aujourd'hui quantité de bachelières de dix-huit ou vingt ans; en 1870, la première femme médecin, Mme Madeleine Brés; en 1897, les deux premières femmes avocats, Mlle Chauvin et Mme Petit; en 1908, la première femme conseiller prudhomme, Mme Jusselin; en 1908 aussi, et cela n'est pas la moins belle des victoires du féminisme, la première femme installée, et avec quel éclat! dans une chaire d'enseignement supérieur à la Sorbonne, Mme Curie... Et combien d'autres succès analogues ne pourrais-je pas encore rappeler; une interne dans les hôpitaux de Paris, en 1886; en 1904, en 1908, des jeunes filles admises à entrer en loge et à concourir pour les prix de Rome, musique et beaux-arts... Partout, la femme a réclamé et obtenu sa place au soleil; partout, elle prétend rivaliser avec l'homme.

Il ne faut plus dire seulement que, de notre temps, tout se démocratise, — n'en avions-nous pas la preuve ces jours derniers, quand on a vu un poète cabaretier se présenter à l'Académie française, y faire acte de candidature ouvrière et obtenir une voix, — il faut ajouter que tout se féminise. Ne parle-t-on pas d'une vieille femme de lettres, qui, elle aussi, songerait à se mettre sur les rangs, pour occuper un des fauteuils vacants parmi les immortels? Si, par impossible, elle y réussissait, je suppose que son premier acte, dans l'illustre assemblée qui travaille toujours au *Dictionnaire*, serait de demander à ses confrères d'adopter des mots nouveaux. Car, remarquez-le, la langue française, peu galante en cela, paraît être un peu réfractaire au féminisme : écrivain, auteur, poète, orateur, professeur même, médecin, avocat, d'autres mots encore, n'ont pas de féminin, comme si la langue voulait faire entendre par là que la femme peut bien être lingère, couturière, etc., mais que c'est une vaine prétention de sa part de vouloir être orateur, poète, peintre, et le reste, le privilège en étant réservé aux hommes seuls.

Les mœurs, les faits ont marché heureusement plus vite que la langue française, et chaque jour on voit s'allonger la liste des fonctions publiques, des professions libérales, des métiers ouvriers où les femmes prennent position et se trouvent en compétition avec les hommes. C'est au point que certains économistes — M. Charles Gide par exemple[1] — s'effraient des progrès de cette concurrence, de cette invasion féminine. Ils disent qu'il est à craindre qu' « à la lutte des classes »

1. Voir dans les *Libres Entretiens,* publication de la Société l'*Union pour la vérité,* fascicule III, p. 165, la conclusion d'une conférence sur *le Travail féminin en concurrence avec le Travail masculin.*

— déjà si aiguë et parfois si violente — « ne vienne bientôt s'ajouter la lutte des sexes », un nouvel élément de discorde et de désordre.

Quels que soient les périls et les difficultés de cette concurrence du travail féminin avec le travail masculin, nous ne saurions, quant à nous, la désapprouver, ni nous opposer à cette marche en avant; car enfin il faut bien que tout le monde vive et cherche à vivre le mieux possible. La seule limitation qu'il convienne d'imposer à l'émancipation économique des femmes, aussi bien qu'à leur ardeur studieuse, c'est celle que commandent soit la fragilité relative de leurs sens physiques, soit leur devoir essentiel, celui d'avoir et d'élever des enfants. C'est ce que disait, ces jours-ci encore, un homme de travail, de travail industriel, qui s'est fait remarquer récemment dans un conflit ouvrier par son bon sens et par son courage, M. Keufer, secrétaire de la Fédération française des Travailleurs du Livre.

« Je considérerais, disait-il, comme un désastre pour la société et comme un danger immense pour la femme elle-même, qu'elle songeât à s'affranchir de son rôle familial; car la famille est la vraie cellule sociale, une des conditions fondamentales de la société. »

Et c'est aussi ce que déclare le philosophe amé-

ricain M. Stanley Hall, qui se plaint amèrement
que certains collèges féminins des États-Unis ne
paraissent travailler qu'à l'éducation des femmes
qui ne se marieront pas; qu'ils ne soient, pour
ainsi dire, que des séminaires de célibataires, où la
jeune fille, dans sa fièvre du travail intellectuel,
sort de son orbite, se masculinise au point d'oublier les devoirs de la maternité future, néglige de
s'y préparer, et risque ainsi de compromettre l'avenir de la race. Une femme purement intellectuelle,
ose-t-il dire, est un monstre, une *deformity*.

C'est donc aux mêmes conclusions qu'aboutis-
sent et le philosophe américain, qui s'alarme de
l'excès de travail intellectuel, du surmenage cérébral, auquel cèdent et s'abandonnent trop souvent
les jeunes filles de son pays, et l'industriel parisien, qui déplore que les métiers, les professions
ouvrières enlèvent trop souvent la femme à son
foyer, la mère à ses enfants.

M. Stanley Hall est loin assurément de faire la
guerre à l'instruction féminine, mais il voudrait
qu'elle fût mieux dirigée, moins intensive, plus
appropriée, plus spécialisée.

Et, de son côté, M. Keufer ne songe nullement
à interdire aux femmes les travaux du commerce et
de l'industrie, les occupations des métiers, puisqu'elles en ont si souvent besoin pour gagner leur

vie, mais il souhaite qu'elles ne s'y absorbent pas tout entières, et qu'elles puissent réserver une part de leur temps aux soins domestiques, aux devoirs de la famille.

* * *

Ces conclusions sont les nôtres. Nous sommes pour l'instruction la plus large, la plus complète possible; mais nous demandons seulement qu'elle s'arrête au point où elle dépasserait les forces de la femme et où elle irait au rebours de sa destinée, de sa mission familiale. D'autre part, il ne saurait être question d'enrayer le mouvement économique qui, de plus en plus, accroît l'accession des femmes à de nouveaux emplois de leur activité; mais nous voudrions pourtant que ce mouvement se modérât, qu'il n'empêchât pas, en tout cas, l'épouse et la mère de remplir sa tâche propre; nous voudrions qu'on leur fournît, dans leur jeunesse, les moyens de s'y préparer. Et s'il est particulièrement difficile de réaliser ces vœux pour la femme du peuple, pour l'ouvrière, puisqu'il lui faut alors rogner son gagne-pain, prendre sur les heures qu'elle emploie à un travail lucratif, combien cela est aisé, au contraire, pour les jeunes filles du monde, qui n'ont qu'à retrancher un peu de leurs plaisirs, de leurs amusements, sportifs ou autres, pour acquérir les connaissances pratiques qui leur enseigneront comment on dirige une maison, comment on nourrit et comment on élève un enfant.

Nous avons prononcé plusieurs fois, au cours de cette conférence, le mot de « féminisme », et vous pourriez croire que nous le répudions. Il faut s'entendre. Nous ne sommes pas pour le féminisme, si par ce mot mal fait on entend, comme c'est l'usage, la tendance à assimiler complètement la femme à l'homme, à faire d'elle la copie, la doublure de l'homme. C'est, selon nous, l'engager dans une voie fausse et périlleuse. Jules Simon le disait galamment : « Il faut accorder aux femmes tout ce qu'elles demandent, excepté quand elles demandent à devenir des hommes : ce qui serait trop malheureux pour nous et pour elles !... » Et plus gravement, le sévère philosophe Stanley Hall résume la question en ces mots : « Ni l'un, ni l'autre sexe ne doit être un modèle idéal, qu'il faille proposer à l'imitation de l'autre. »

En ce sens-là, nous ne sommes pas féministes. Mais nous le sommes, au contraire, si, rendu à son véritable sens, celui que semblerait imposer son étymologie, le féminisme signifie le respect de la nature propre de la femme, le souci de sa mission spéciale dans le monde, s'il veut dire que la femme doit rester femme et ne pas perdre son caractère, aliéner ses qualités en cherchant avec excès à singer le caractère et les qualités de l'homme.

Et voilà pourquoi nous demandons que les deux éducations ne soient pas identiques, mais simplement équivalentes. Ce n'est pas une raison, parce que la jeune fille est capable de tout apprendre, qu'il convienne de tout lui enseigner. Ce n'est pas une raison, parce que la femme peut faire beaucoup de choses aussi bien que l'homme, pour qu'on les lui fasse faire. On ne restreint nullement le pouvoir de la femme et l'ampleur de son rôle dans la société humaine en lui rappelant qu'elle a des devoirs spéciaux, et qu'elle doit, par suite, recevoir une éducation spéciale. Nous ne doutons pas, d'ailleurs, que l'avenir ne réserve à la femme une extension croissante de ses droits, peut-être même de ses droits politiques. Car si nous repoussons à l'heure qu'il est ses prétentions à l'éligibilité et même à l'électorat, nous n'oserions pas affirmer que le *veto* actuellement prononcé sur ce point par l'opinion publique, en France, en Angleterre et ailleurs, engage à tout jamais les générations futures. Nous savons bien que le paradoxe d'aujourd'hui devient parfois la vérité du lendemain. Nous savons aussi qu'en certain pays d'origine anglo-saxonne, comme l'Australie, où les suffragettes ont triomphé, où elles se sont ouvert la porte du Parlement, les femmes admises à siéger dans les assemblées politiques ont su y jouer un rôle utile, et qu'elles ont, par exemple, fait voter toute une législation antialcoolique que les hommes n'auraient peut-être pas acceptée s'ils avaient été seuls à légiférer.

Il y a pourtant quelque chose qui vaut mieux encore que de faire des lois, des lois qui ne sont pas toujours appliquées, c'est de faire des mœurs : je veux dire de moraliser l'humanité, de l'élever vers l'idéal moral. Et en cela le rôle de la femme peut être prépondérant. C'est d'abord parce que la femme est l'éducatrice naturelle de ses enfants, si elle est mère, et, si elle est professeur, l'éducatrice des enfants des autres. Dans cette tâche, elle apporte les dons particuliers et comme le privilège d'une bonté plus grande, d'une finesse d'esprit plus pénétrante, d'une douceur plus aimable. Mais ce n'est pas tout : le champ est ouvert aujourd'hui à l'action sociale de la femme. Nous n'entendons pas que la mère se confine dans la *nursery*, ni l'épouse dans la chambre nuptiale. Nous désirons qu'elles en sortent, — et elles le peuvent, sans manquer à leurs devoirs domestiques, — pour exercer dans le monde leur part d'influence moralisatrice. Il n'est pas indispensable de siéger au Palais-Bourbon ou au Luxembourg pour contribuer à améliorer l'état de la société. Les femmes peuvent y contribuer, et largement, en s'associant aux hommes, ou en se liguant entre elles, pour fonder ou développer des sociétés d'assistance, de protection de l'enfance et de la jeunesse, toutes les œuvres philanthropiques en un mot.

Entrez hardiment dans cette voie, Mesdames. S'il y a des « hommes d'œuvres », faites qu'il y ait aussi, et de plus en plus, des « femmes d'œuvres ». Vous en serez récompensées par le bien que vous ferez à vos semblables, par la joie que vous en retirerez vous mêmes, et, grâce à vos efforts, ce vingtième siècle, qu'un écrivain célèbre de Suède, Mme Ellen Key, a déjà baptisé le *Siècle de l'enfant*, méritera de s'appeler devant la postérité le *Siècle de la femme*.

Gabriel COMPAYRÉ,
Inspecteur général de l'Instruction publique,
Membre de l'Institut.

CONFÉRENCE FAITE A L'ÉCOLE DES MÈRES

L'AMOUR MATERNEL DANS L'ÉDUCATION

PAR

M. DARLU

INSPECTEUR GÉNÉRAL DE L'INSTRUCTION PUBLIQUE

L'AMOUR MATERNEL DANS L'ÉDUCATION

Mesdames,

On vous le montrait dernièrement[1], la famille française, encore très fortement constituée — heureusement — dans les classes moyennes, est cependant battue en brèche de bien des côtés. L'esprit révolutionnaire, que suscite et qu'entretient notre état politique et social, s'attaque à la famille comme à toutes les institutions établies[2]. Un grand nombre de littérateurs, romanciers ou auteurs dramatiques, en ce temps avide de nouveautés, des savants aussi, sociologues plus ou moins socialistes, font briller à nos yeux le mirage

1. Dans la conférence faite par M. Boutroux.
2. Par exemple la famille est liée étroitement au régime de la propriété individuelle. De là l'hostilité de beaucoup de socialistes à l'égard de la famille.

de l'union libre et de la pleine indépendance de la femme, enfin affranchie du joug conjugal. A ce courant d'opinions bruyantes, qui grossit rapidement, il est souhaitable de pouvoir opposer une opinion réfléchie. Or, il n'est pas, ce me semble, de meilleur moyen de nous pénétrer de la nécessité de la famille que de réfléchir un moment, comme je viens le faire avec vous, sur l'éducation maternelle, sur le rôle de la mère dans l'éducation de l'enfant. S'il nous apparaît que personne ne peut remplacer une mère au berceau de son fils, comment échapperions-nous à cette conclusion que la dissolution de la famille couvrirait de ruines toute notre civilisation?

I.

Cependant les théoriciens n'ont pas manqué pour demander que l'éducation des enfants fût confiée à l'Etat. Pour « commencer par Jupiter », comme disaient les anciens, Platon dans sa *République* nous représente, avec une foule de détails infiniment curieux, les enfants reçus à leur naissance par de savants fonctionnaires, distribués selon leurs facultés naissantes dans des asiles de degré différent, bercés au rythme lent prescrit par les magistrats, etc... Il est bien remarquable que de nos jours des hommes politiques considérables, sans aller aussi loin que Platon, mais imbus des mêmes idées, et préoccupés d'établir en France l'unité morale des esprits, exaltent les droits de l'État sur les enfants, aux dépens du droit des parents. Sans doute, ils ne les arrachent pas au foyer domestique, mais ils les appellent aussitôt que possible et les retiennent le plus longtemps dans les écoles publiques pour y recevoir l'empreinte de leurs systèmes, démocratie ou libre-pensée.

Ce ne sont là, d'ailleurs, que des théories. En fait, depuis l'antiquité, la famille, — la famille grecque, puis la famille romaine, puis la famille chrétienne, — n'a pas cessé de transmettre de génération en génération la vie civilisée. Cependant, nous nous empressons en ce temps-ci, de multiplier les crèches, les salles d'asile, les écoles maternelles, et nous y installons des femmes, préparées tout exprès, et plus éclairées sur les difficultés de leur tâche que ne le sont bien des mères. Et il faut avouer que l'instruction, la discipline y trouvent leur compte. Il reste à savoir si ce n'est pas un moindre mal et si la vie morale de l'enfant y trouve le sien.

II.

Ecartons donc ces images de nourrices salariées — et sans aucun doute syndiquées — distribuant aux pauvres petits, alignés dans des dortoirs publics, avec « la goutte de lait », la goutte de miel de leur tendresse, diluée dans des tonneaux d'eau, comme disait ingénieusement Aristote répondant à Platon. Et entrons tout de suite dans la maison de famille où le père et la mère se partagent, spontanément, la tâche de l'éducation. Il nous paraîtra, je crois, que l'éducation de la raison revient plus particulièrement au père, tandis que la mère est chargée de l'éducation du cœur.

En effet, le père a pour lui sa force physique, qui doit apparaître à l'enfant comme celle d'un être merveilleux, sa voix mâle, si différente de celle de la mère et qui, lorsqu'elle gronde, fait vibrer les membranes de la frêle poitrine du tout petit, sa fermeté invincible et même ses justes colères. Il a pour lui aussi d'être souvent absent de la maison et d'y paraître aux heures consacrées des repas et du soir pour recueillir le témoignage de la mère. Tout prépare donc l'enfant à recevoir le commandement paternel comme un ordre imposant, comme une règle sublime, qui imprime profondément en lui le sentiment du respect. Voilà, je crois, la formule de l'action paternelle : il est chargé de donner à l'enfant l'idée de la nécessité morale, l'idée du devoir, élément essentiel de la vie morale et sociale. Sans doute cette idée devra par la suite devenir de plus en plus inférieure. Si elle se développait normalement jusqu'à son expression la plus haute, elle cesserait peu à peu d'être la déférence pour la volonté des parents ou la crainte de l'opinion et se réduirait au sentiment de la raison, de l'obéissance à la raison. Mais pour vivre dans l'âme même de l'enfant, cette idée doit y avoir été déposée dès les premiers jours; et c'est du père qu'elle doit venir.

Peut-être quelques-unes de vous, Mesdames, protestent tout bas, et pensent, non sans sourire, qu'il arrive quelquefois, qu'il arrive souvent que la fermeté, l'autorité et le don du commandement sont des qualités éminentes de la mère, tandis que le père répand en cachette sur ses enfants sa tendresse timide. Oui, sans doute, il y a une infinité de circonstances et de complications et d'accidents qui modifient ou renversent l'attribution que je marque dans les fonctions respectives des parents. Et moi-même j'ajouterai qu'il me paraît naturel (et non accidentel) que, dans les premiers temps tout à fait, le père, en rentrant à la maison, apporte au nouveau-né la joie bruyante et les jeux impressionnants qui le soulèvent brusquement en l'air pour le laisser retomber, avec de petits cris, sur les genoux maternels. Mais en cette analyse sommaire, je recherche le rôle constant, le *vrai* rôle du père et de la mère, celui auquel la nature les a destinés.

III.

On peut dire, avec les mêmes réserves et la même généralité, que la mère fait l'éducation de la sensibilité. Le cœur de l'enfant s'éveille, à la lettre, sous les caresses maternelles. La petite masse de chair douloureuse qui s'agite, au premier jour, dans le berceau, n'est animée d'abord que par l'instinct égoïste de la conservation. Mais voici que la mère la prend dans ses bras ; et pendant qu'elle l'embrasse, qu'elle bégaie des paroles d'amour à son oreille, en adoucissant encore sa douce voix, qu'elle agace, comme dit le poëte,

« d'une goutte de lait au bout du sein restée »,

ses lèvres, jusque-là contractées par le seul sentiment de la faim, un sourire, le premier sourire, y éclot, expression d'un sentiment de reconnaissance, promesse de grâce et d'amour. Voilà le grand miracle de l'éducation maternelle. Le cœur de la mère donne un cœur à l'enfant. Elle l'allaite de son cœur autant que de son sein. Sa tendresse fait naître la tendresse. Aussi celui à qui cette initiation a été refusée court-il le risque de rester pour toute sa vie triste et froid.

Mais ce n'est pas le seul don que l'enfant reçoive de sa mère. Si frêle, si sensible au contact, souvent brutal, du dehors, il a besoin, pour s'épanouir, d'une atmosphère douce et chaude. Tous les maîtres de la pédagogie, de Fénelon à Mme Necker de Saussure, sont d'accord pour nous en avertir : l'enfant ne peut croître harmonieusement que dans la joie et la confiance. L'habitude de craindre l'abaisse, l'affaiblit pour toujours. Il faut que l'enfant soit heureux. Or, ce bonheur de l'enfance, si aimable, si hardi, et que fait pâlir si vite un seul regard menaçant, où donc sera-t-il assuré, pendant les premières années surtout, sinon au foyer maternel? Et ne croyez pas que je songe, en disant cela, aux riches maisons de *l'avenue du Bois*, où la mère, oisive, n'a rien autre chose à faire qu'à gâter son enfant; je pense bien plutôt à cette femme de la campagne qui porte au père le repas du jour, l'enfant sur le bras, je pense à cette femme d'ouvrier que vous

voyez chaque jour dans les rues populaires, cour-
bée en deux ou trois, pour faire faire au *gosse* ses
premiers pas.

Mais le bonheur si nécessaire à cet âge (plus
tard nous avons, pour nous aider à nous en passer,
la résignation), le bonheur fait germer et fleurir
les qualités originales de l'enfant. C'est le troisième trait que je signale dans l'action exercée par
la mère : le développement de l'individualité de
l'enfant, que l'éducation publique étoufferait, est
son œuvre propre. Elle seule, en effet, a la patience, que j'appellerais angélique, d'en attendre,
pour les encourager, les premières manifestations,
d'en accueillir par un sourire les premiers balbu-
tiements auxquels le père ne comprend rien ; que
dis-je elle y répond, en se faisant, à force de sympathie, une âme enfantine qui lui permet d'entrer
dans la pensée obscure des petits, et de vivre
avec eux cette vie imaginaire du jeu, exercice
véritablement normal de leur première activité.

Et quand, de temps en temps, la petite intelligence a reçu « du ciel l'influence secrète », quand
elle recèle l'étincelle du génie, c'est encore au
foyer maternel que cette étincelle trouve les aliments qui embraseront la vie tout entière de l'être
privilégié. Si l'histoire nous montre tant d'hommes
supérieurs formés par leur mère, pensez-vous que

ce soit par un hasard heureux ou par l'effet d'une loi naturelle? Quelques-unes d'entre vous ont peut-être lu dans un des derniers bulletins de l'*Union pour la Vérité* quelques extraits de lettres de Carlyle à sa mère.

Vous y avez vu comment cette rude paysanne d'Écosse, cette femme illettrée qui fumait la pipe, avait enraciné dans l'esprit de son fils cette disposition profonde, essentielle, qui fut l'âme même de son génie. Carlyle lui écrivait : « S'il est quelque chose de bien dans les choses que j'ai dites... c'était votre voix qui parlait par ma bouche..., et si je dois écrire encore, l'essence de cela, dans la mesure de sa valeur et de sa bonté, sera encore la vôtre. »

Mais voici une page harmonieuse de Lamartine que j'aurai plaisir à relire avec vous. En vous reposant de mes sèches abstractions elle vous permettra d'assister, dans une brillante lumière, à ce spectacle d'une âme maternelle qui se reflète longuement dans l'âme de son enfant.

« Ma mère avait reçu de sa mère au lit de mort une belle Bible de Royaumont, dans laquelle elle m'apprenait à lire quand j'étais petit enfant! Cette Bible avait des gravures de sujets sacrés à toutes les pages. C'était Sarah, c'était Tobie et son ange, c'était Joseph ou Samuel, c'était surtout ces belles scènes patriarcales où la nature solennelle et primitive de l'Orient était mêlée à tous les actes de cette vie simple et merveilleuse des premiers hommes. Quand j'avais bien récité ma leçon et lu à peu près sans faute la demi-page de l'histoire sainte, ma mère me découvrait la gravure, et, tenant le livre ouvert sur ses genoux, me la faisait contempler en me l'expliquant, pour ma récompense. Elle était douée par la nature d'une âme aussi pieuse que tendre, et de l'imagination la plus sensible et la plus colorée; toutes ses pensées étaient sentiments, tous ses sentiments étaient images; sa belle, noble et suave figure réfléchissait dans sa physionomie rayonnante tout ce qui brûlait dans son cœur, tout ce qui se peignait dans sa pensée; et le son argentin, affectueux, solennel et passionné de sa voix ajoutait à tout ce qu'elle disait un accent de force, de charme et d'amour qui retentit encore dans mon oreille, hélas! après plusieurs années de silence! La vue de ces gravures, les explications et les commentaires poétiques de ma mère m'inspiraient dès la plus tendre enfance des goûts et des inclinaisons bibliques. Je brûlais dès l'âge de huit ans du désir d'aller visiter ces montagnes où Dieu descendait; ces déserts où les anges venaient montrer à Agar la source cachée, pour ranimer son pauvre enfant banni et mourant de soif; ces fleuves qui sortaient du Paradis terrestre; ce ciel où l'on voyait descendre et monter les anges sur l'échelle de Jacob. Ce désir ne s'était jamais éteint en moi; je rêvais toujours, depuis, un voyage en Orient, comme un grand acte de ma vie intérieure; je construisais éternellement dans ma pensée une vaste et religieuse épopée dont ces beaux lieux seraient la scène principale; car la vie pour mon esprit fut toujours un long poème, comme pour mon cœur elle fut de l'amour. »

Ainsi la mère nous paraît comme chargée par la nature de faire jaillir dans l'enfant la source des sentiments tendres, d'entretenir la joie de ses premières années et de faire croître les facultés originales qui feront son individualité.

Enfin cette assemblée m'avertit d'ajouter un mot qui concerne plus particulièrement les filles. Leur éducation, dans les premiers temps, ne diffère guère de celle des garçons, si ce n'est qu'il n'y a pas d'inconvénient à laisser les uns s'amuser avec des *planplans* et des *dadas*, tandis que les autres s'amusent avec des poupées. Mais plus tard, c'est à la mère qu'il appartient — et personne ne saurait la remplacer dans cette tâche — de faire ce que j'appellerai l'éducation du sexe, d'initier discrètement la fillette à la vie particulière de la femme et de lui donner le sens et le goût des vertus proprement féminines, la pudeur, la modestie, la patience, la bonne grâce.

IV.

Mais il nous reste à prendre garde que ce rôle essentiel de la mère, beaucoup de mères ne le remplissent pas ou le remplissent mal. Et je suis bien forcé maintenant de retourner la médaille et de faire avec vous le compte des défauts qui les font manquer à leur vocation.

Le premier, et l'un des plus ordinaires, est leur faiblesse. Ce n'est pas que la tendresse soit faible naturellement. Sans aller jusqu'à dire avec le poète, ami des exagérations, que

« Les vrais cœurs de lions sont les vrais cœurs de pères. »

rien n'empêche qu'une âme tendre soit forte aussi, et que sa ferme volonté soit faite, non de passion, mais de raison et de solides habitudes. Mais trop souvent la femme, telle que l'ont faite les mœurs d'un long passé, est un être faible et docile. Et quand la mère n'a d'autre force que son amour, elle se laisse entraîner par l'enfant qu'elle devrait conduire; elle ne peut supporter ses pleurs, soutenir ses cris, elle lui cède, et, dans les moments où sa faiblesse exaspérée souffre de son impuissance, elle ne sait que lui dire : « Je le dirai à ton père. » La faiblesse des mères fait les enfants gâtés, pour toute la vie.

Il est presque fatal, en effet, que l'enfant gâtée devienne une femme faible et avide de plaisir, car le mal engendre et multiplie le mal. Et c'est là le deuxième défaut de la mère, aussi désastreux que le premier, un mauvais amour tout rempli d'égoïsme. Elle aime l'enfant, sans doute, mais

comme un jouet, pour elle et non pour lui. Elle
le pare pour le salon ou pour la rue, c'est-à-dire
pour la satisfaction de sa vanité. Mais dès qu'un
five o'clock quelconque l'appelle au dehors, elle le
jette précipitamment dans les bras de la bonne et
court à son rendez-vous. Au retour, si elle rapporte l'excitation de quelque vif plaisir, elle l'ac-
cablera de caresses, quitte à le rudoyer quelques
instants après, sans raison, presque sans cause, au
gré de son humeur changeante. Et le pauvre petit
ainsi ballotté, plus à plaindre peut-être qu'un enfant abandonné, sera livré sans défense à tous les
vices du milieu où il vit.

Le troisième défaut que je signalerai, plus innocent, fait à l'enfant un mal moins profond. Pourtant, que de fautes encore et parfois de malheurs il
entraîne! Je parle de l'ignorance, de l'ignorance
de la vie, et particulièrement de l'ignorance de
l'esprit et du caractère des enfants. Il n'est pas
facile, en effet, de pénétrer dans ces petits cœurs,
dans ces têtes légères et de deviner ce qui s'y
passe. Elles ne le savent pas elles-mêmes et ne le
révèlent souvent que par des signes trompeurs. Je
me souviens d'avoir vu un de mes amis, homme
cependant fort éclairé, reprendre vivement sa fille
en lui reprochant son égoïsme parce qu'il ne se
rendait pas compte que les manifestations les plus

naturelles de son affection étaient comme arrêtées au passage par sa timidité. Pour réagir à propos et non pas à contresens sur les actes des enfants, il nous faudrait un sens psychologique très délicat qui manque à la plupart des mères (et aussi des pères, je dois l'avouer).

V.

Vous voyez pourquoi, Mesdames, il est utile que vous veniez à l'*Ecole des Mères*. La fonction de la mère doit s'apprendre. Il ne suffit pas qu'une jeune fille se marie pour recevoir la grâce maternelle. Vous trouvez ici rassemblé tout ce que la grande expérience et le zèle ardent de Mme Moll-Weiss ont jugé le plus nécessaire pour cette grande œuvre, l'éducation d'un enfant. Mais permettez-moi de dire qu'entre tous les arts du foyer, le plus utile de beaucoup c'est l'art de bien aimer les enfants. Pour les bien aimer, il faut vouloir qu'ils deviennent réellement bons, *bons en eux-mêmes*, c'est-à-dire généreux et forts. Et pour vouloir que nos enfants soient bons il faut que nous commencions nous-mêmes par devenir bons aussi, c'est-à-dire, tout de même, généreux et forts. Car la loi suprême de la pédagogie, c'est que nous élevons les enfants non par nos discours, ni même par notre manière d'agir avec eux, mais par notre être intime, par ce que nous sommes réellement. Les enfants reflètent nos vertus et nos vices. Quand nous sommes surpris de les trouver mauvais, pensons qu'ils nous présentent le miroir.

M. DARLU,
Inspecteur général de l'Instruction publique.

CONFÉRENCE FAITE A L'ÉCOLE DES MÈRES

NOTES SUR LES ENFANTS

PAR

M. André LICHTENBERGER

NOTES SUR LES ENFANTS.

En intitulant cette causerie : « Notes sur les
enfants », je pense avoir indiqué d'avance l'objet
très modeste que je me propose : il ne s'agit pas
ici d'esquisser une philosophie ni une psychologie,
ni même une pédagogie de l'enfance ; je n'ai pour
but que de vous soumettre quelques observations
que m'a suggérées la vue des enfants que je connais ; elles ne peuvent sans doute pas être généra-
lisées ; elles n'embrassent pas l'ensemble de l'humanité, ni toute la France, ni même toutes les
catégories sociales de cet immense Paris, qui, en
dépit de notre état démocratique, contient des
individus de formation et de culture si diverses.
Mon étude vise les enfants que j'appellerai les
enfants bourgeois, c'est-à-dire les petits Parisiens
qui appartiennent à des familles ayant de 8 à
80 mille livres de rente, dont la vie est caractérisée par l'existence d'un certain nombre d'institu-

tions : il y a un ou plusieurs domestiques; madame a un jour de réception et un ensemble de relations sociales; monsieur possède un habit et va à des affaires variables pendant la journée. D'ailleurs, je me hâte de dire que mes observations ne s'appliquent pas à l'ensemble des enfants de cette catégorie et, en particulier, mesdames, elles ne s'appliquent pas aux vôtres : je suis convaincu que vous élevez vos enfants beaucoup mieux que je ne saurais le faire; il va sans dire, d'autre part, que mes observations ne s'appliquent pas aux enfants d'aucune des persones avec qui j'ai l'honneur d'être en relations; peut-être, à la rigueur, s'appliquent-elles aux miens, au moins pour une partie, mais je n'en suis pas tout à fait sûr. En tout cas, permettez-moi de vous soumettre mes notes; si vous y trouvez profit, j'en serai fort aise, si elles vous paraissent fastidieuses, vous voudrez bien vous dire que c'est sans provocation de ma part, que madame Moll-Weiss est venue me trouver et qu'il m'a fallu apporter au moins une preuve de bonne volonté pour l'entreprise si intéressante qu'elle a fondée.

****

Quels sont les traits caractéristiques de l'enfant que nous avons défini, de notre enfant? Vous ju-

geriez à bon droit fastidieux que j'esquisse une
description générale de l'enfance : assez de psychologues l'ont étudiée et essayé de la faire connaître : c'est un sujet qui, d'un côté, est extrêmement rebattu, et qui, par d'autres, restera toujours
mystérieux. Dispensez-moi donc des généralités
d'usage et permettez-moi plutôt de tâcher de préciser les traits particuliers par lesquels se distingue
l'enfance circonscrite que j'ai choisie pour sujet
de cette conférence.

C'est en effet une chose à noter, que d'âge en
âge, de siècle en siècle, les enfants ne sont pas les
mêmes : nous l'apprenons par la littérature; nous
l'apprenons également, d'une manière encore peut-
être plus frappante, par l'image; regardez les portraits d'enfants, en France, en Hollande, en Es-
pagne, aux seizième et quinzième siècles : vous
verrez immédiatement que ces enfants ne sont pas
les nôtres. Ceux du dix-septième siècle ont une
solennité, une gravité qui les fait des êtres tout
différents de ceux que nous connaissons. Tous les
mémoires du temps confirment la mignardise, la
préciosité, le développement précoce des petits
bonshommes poudrés et des demoiselles en panier
du temps de Louis XV. L'enfance de nos grands-
parents n'a pas été la nôtre; les petits bonshommes que nous avons été et que nous voyons à

côté de photographies de dames en crinolines ne sont pas ceux qui nous attendent à notre foyer. Entre les daguerréotypes de nos grands-parents, les photographies de nos pères et les nôtres, et celles de nos enfants, il n'y a pas plus de différence qu'entre toutes ces catégories de petits hommes qui sembleraient devoir être pareils. L'enfance a sans doute des traits permanents : l'insouciance, la mobilité, la gaieté, etc., mais à chaque génération, elle a des caractères spéciaux, qui tiennent au milieu où elle se développe et à l'hérédité dont elle est issue.

Quel est le milieu où se développent nos enfants? En l'examinant, et surtout en nous le figurant tel qu'il peut leur apparaître, nous aurons peut-être un avant-goût de quelques-uns des traits caractéristiques de leur évolution.

L'enfant, notre enfant, se développe, en somme, dans un milieu qui est constitué par les éléments suivants : la famille, les domestiques, les camarades, les maîtres, les visites qui viennent chez maman, la rue et les lectures. Tel est, n'est-il pas vrai, l'ensemble d'éléments qui contribuent à le constituer. Essayons, l'un après l'autre, de les analyser.

Il y a d'abord la famille. Qu'est-ce que c'est que la famille parisienne moderne? Gardons-nous d'aller en chercher le portrait dans les romans de beaucoup de psychologues : cette famille est très loin d'être le milieu ultramondain et corrompu qu'on se plaît à décrire quelquefois; mais assurément, ce n'est pas non plus la vieille famille traditionnelle, l'espèce de monarchie patriarcale qu'était autrefois la famille du seizième ou du dix-septième siècle, où le père avait une autorité solennelle et indiscutée, où la mère participait largement à son prestige, où il y avait entre eux, les enfants et les domestiques, qui ne se renouvelaient jamais, des liens de respect et de familiarité qui en faisaient une espèce d'institution éminemment stable et conservatrice.

A l'heure actuelle, la famille parisienne présente généralement un autre aspect. Le père est un homme occupé en grande partie au dehors. Il ne rentre chez lui que quelques heures par jour, souvent seulement aux heures des repas; il est pressé, il est plus ou moins fatigué de son travail du matin ou plus ou moins préoccupé de celui qui l'attend le soir; il est facilement nerveux; il n'est plus le maître de sa faculté d'observation et il n'est pas toujours entièrement maître de lui-même. La mère, de son côté, a une vie qui la laisse évidemment davantage dans son intérieur, mais où cependant il y a aussi passablement d'éléments d'agitation :

elle est très tendre, elle aime ses enfants avec passion, s'en occupe autant qu'elle peut, les gâterait à l'occasion; mais elle aussi est retenue, et par les devoirs d'administration domestique qui lui incombent, et par une série d'obligations mondaines ou autres dont elle ne saurait s'affranchir. Il en résulte, en somme, que le cercle de la famille n'est guère réuni qu'aux repas, et là, aux repas, on ne peut pas, justement, se mettre à table dans le but d'accomplir une œuvre d'éducation; on a à causer très vite de beaucoup de choses; il y a la politique, les faits divers; il y a à discuter les toilettes en gestation; à commenter les visites, les petits événements de chaque jour; on cause quelquefois des tracas pécuniaires, des domestiques, etc. On mange très vite, en avalant les doubles bouchées et en faisant taire bébé. Puis, le café absorbé en hâte, on se disperse.

Que devient l'enfant? Quand il a des frères et des sœurs, il reste avec eux; ils sont élevés comme lui, et leur influence réciproque n'est pas très considérable, étant donné surtout que les familles sont généralement peu nombreuses. Forcément, l'enfant demeure beaucoup en contact avec les bonnes. Il va sans dire que nous choisissons nos domestiques avec le plus grand soin, mais enfin il est difficile que ce soient uniquement des modèles de... vertu : il leur arrive de causer devant l'enfant de sujets qui ne sont pas faits pour ses oreilles, de prononcer des jugements dont la médisance n'est pas peut-être absente; il leur arrive de déguiser la vérité.

Quant aux maîtres, il est incontestable qu'on leur recommande chaque année davantage de se préoccuper de leur rôle éducatif; mais ils se limitent, au contraire, de plus en plus, — on ne saurait leur en faire un grief, — à donner aux enfants l'instruction nécessaire; leur devoir de neutralité scolaire ne leur créerait-il pas souvent beaucoup de difficultés pour entreprendre une œuvre d'éducation véritable? Leur influence sur l'âme enfantine demeurera donc des plus limitées.

Je ne parlerai pas de celle qu'ont les camarades, dont les relations sont superficielles, rapides et ne diffèrent pas énormément de celles qu'ils entretiennent avec leurs frères et sœurs. Celle des visites de maman serait souvent plus considérable, parfois désastreuse; au mieux, elles se bornent à montrer sous un aspect peu avantageux les côtés caractéristiques de la vie mondaine.

Les plus enthousiastes des bienfaits de la démocratie n'estiment pas que le contact du peuple, tel que les enfants peuvent le subir dans la rue, puisse contre-balancer certaines des influences peut-être un peu inquiétantes qui se dessinent ainsi sur l'âme de nos enfants. Dans la rue, il y a beaucoup d'agitation; on rencontre un grand nombre de visages aigris à chaque coin de rue; on se coudoie, on est obligé de songer à soi, à sa sécurité; une foule de dangers vous menacent au moment où vous traversez l'avenue ou le boulevard; il y a quelque chose de fébrile, de trépidant, à quoi il est tout à fait certain que nos enfants ne peuvent pas échapper.

Quand on est rentré, on joue; les jeux sont le résultat, la reproduction de toutes les impressions que l'exemple a suggérées à nos enfants. Ou bien on lit. Les lectures sont souvent assez médiocres. La moyenne de nos livres d'enfants est inférieure à celle des autres pays. Leur choix n'est souvent pas contrôlé de très près par les parents; c'est une denrée de second choix.

Tels sont, d'une manière générale, les influences diverses qui s'exercent sur nos enfants. Qu'en résulte-t-il?

Il y a deux facultés qui, avant tout, semblent caractéristiques de l'enfance : la faculté d'imitation, qui seule rend possible l'éducation, puisque c'est à force de répéter ce qu'on leur a appris que les enfants arrivent à savoir certaines choses et à en apprendre d'autres ; et, en second lieu, ce qu'on peut appeler la faculté de réaction, par laquelle ils s'assimilent d'une certaine manière les notions qu'on a essayé de leur inculquer, par laquelle ils rejettent une partie et conservent au contraire une autre partie des éléments qui leur sont apportés et, en les modifiant, arrivent peu à peu à se constituer une personnalité.

Les combinaisons qui résultent du jeu de ces deux facultés, imitation et réaction, sont très variées.

Voici, il me semble, sous toutes réserves, quelles sont quelques-unes des observations générales qu'on peut formuler sur les traits distinctifs des enfants de nos jours.

Et, tout d'abord, ce qui me semble incontestable, ce qui me semble un de leurs signes caractéristiques, c'est le développement, chez eux, du sens critique, ayant pour premier résultat la diminution du sens du respect. D'une manière générale, dans une démocratie, le tempérament public n'est pas respectueux ; et, dans un régime de liberté scientifique, où le seul souci de la vérité est la passion dominante, c'est la curiosité, ce n'est pas le respect, qui est à la base du tempérament national. La manière dont nous entendons l'égalité en France consiste assez souvent à estimer nos semblables inférieurs à nous-mêmes. Le sens critique de nos enfants ne s'écarte pas énormément de ce sentiment. En somme, ils nous respectent assez peu. Un certain nombre des influences que nous avons citées tout à l'heure, celles de la rue, des domestiques, les y ont prédisposés, la nôtre aussi ; dans nos causeries, nous ne nous embellissons pas, souvent nous parlons irrespectueusement de beaucoup de choses et de nous-mêmes ; nos enfants sont ceux qui nous écoutent et font leur profit de nos observations.

Il y a, à l'heure actuelle, un mouvement féministe assez marqué, qui s'efforce d'affranchir la femme du joug de l'homme. Je crois que, dans nos intérieurs, nous avons une espèce de mouvement *infantiste* qui n'est pas moins dessiné. Mais, par de justes représailles, je crois que ce sont les mères qui sont encore plus atteintes que les pères ; car étant en contact plus fréquent avec ces jeunes révoltés, elles ont plus de difficultés encore à conserver à leurs yeux le prestige nécessaire à l'exercice de leur autorité.

Il y a donc, chez nos enfants, de l'irrespect, une légère tendance à l'impertinence ; ils sont volontiers frondeurs ; en somme, on voit chez eux s'étaler des défauts qui, pour la plupart, existent chez nous : ce sont des rejetons de peuple latin.

Leur irrespect et, d'une façon générale, leur sens critique, les entraîne à une certaine forme de scepticisme : en effet, à force d'entendre tout critiquer, ils se persuadent que tout est critiquable, et, se sentant crédules, car un enfant doit être disposé à croire pour qu'il soit capable d'assimiler quelque chose, ils réagissent, craignent d'être dupes : les voilà sceptiques.

Ils ont le sentiment qu'autour d'eux bien des choses sont contestables ; notre agitation leur donne le sentiment qu'il n'y a pas grand'chose de stable et d'assuré. A chaque instant, les institutions les plus solennelles ne sont-elles pas bouleversées ; une cuisinière succède à une autre, une bonne d'enfant de même ; est-il bien sûr que leur mam   ne finira pas par être remplacée à son tour ?

D'où, chez eux, une défiance qui n'est pas naturellement dans l'esprit de l'enfance ; et par réaction, par besoin d'équilibre, nos enfants deviennent très avides de notions exactes, positives. Le sceptique, en philosophie, est souvent assez proche de l'épicurien. Nos enfants ont soif de réalité. Nous, quand nous avions leur âge, nous avons vécu volontiers dans des mondes irréels ; une quantité de préoccupations matérielles nous étaient inconnues ; nous aimions les contes de fées, les romans fantastiques où l'imagination joue le rôle prépondérant.

Eux, à force d'être troublés par l'agitation qui les environne, à force de sentir la vie compliquée, d'entendre parler de difficultés, de choses concrètes, de questions d'argent, leur attention se porte vers des notions plus utilitaires; ils aiment à être renseignés avec précision; des questions que nous aurions infiniment dédaignées les préoccupent : ils veulent savoir le prix des denrées et connaître le mécanisme où ils sont engrenés.

A cause de cette double tendance au scepticisme et à l'utilitarisme, ils ont peu d'inquiétude, oscillent aisément entre le pôle de l'entêtement et celui de la dépression nerveuse; ils s'excitent, se dépriment facilement; ils ont un certain besoin, quelquefois presque maladif, de se rattacher à quelque chose de stable; et, quand ils pensent avoir trouvé leur point d'appui, ils s'y cramponnent. Emotifs et défiants, ils ont une gaieté moins spontanée, moins universelle qu'elle pouvait l'être dans d'autres générations.

Par définition, qui dit l'enfance, dit mobilité. Peut-être sont-ils encore plus mobiles que nous n'étions; mais cette nervosité, cette inquiétude qu'ils sentent autour d'eux et en eux contribue à leur donner le sentiment qu'il faut qu'ils trouvent absolument, fût-ce en eux-mêmes, des ressources pour réagir contre ce quelque chose d'instable et d'inquiétant qui les entoure. Ils sont, d'une part, tentés d'être aussi nerveux que nous ; et, d'autre part, très précocement, beaucoup plus tôt que nous ne l'avons fait nous-mêmes, ils essaient de réagir et de se donner une éducation personnelle, de se construire une volonté.

En résumé, si nous cherchions à faire la synthèse de tous les éléments que j'ai essayé d'analyser, nous trouverions que l'enfance parisienne bourgeoise contemporaine se trouverait peut-être caractérisée le mieux par les signes suivants :

Esprit critique, tendance à l'irrespect, scepticisme, tournure d'esprit utilitaire, nervosité pouvant aller parfois jusqu'à l'entêtement, et tendance peut-être à une gaieté moindre, aboutissant, chez nombre d'enfants, à un effort spontané pour éduquer eux-mêmes leur volonté.

Voilà ce qu'on peut constater, et que je ne prétends ni blâmer, ni louer.

*
* *

Quelle doit être notre attitude vis-à-vis de ces tendances diverses ? Elle peut différer, selon ce que nous souhaitons que soient nos enfants.

Dans un pays aussi profondément divisé que le nôtre, il y a des distances énormes entre le cerveau de gens qui portent tous deux un haut de forme et sont enfermés dans une redingote identique. Par conséquent, il est tout à fait naturel qu'ils aient sur l'éducation de leurs enfants des idées fort différentes; je ne songe donc en aucune manière à faire une dogmatique de l'éducation, ce qui me paraît à l'heure actuelle une tâche impossible; qu'on me permette seulement quelques réflexions de méthode.

En somme, quelle que soit la foi sociale, politique, religieuse, irréligieuse ou areligieuse que nous possédions, je crois que l'on peut, d'une manière tout à fait générale, ramener le but de l'éducation que nous voudrions donner à nos enfants à ceci : nous voudrions, en premier lieu, les rendre bons; et, en second lieu, les rendre aptes à être heureux.

Rendre nos enfants bons, je crois que, malgré les divisions auxquelles je faisais allusion, nous pouvons à peu près nous entendre sur la signification de ce terme; par conséquent, je n'y insisterai pas.

Rendre nos enfants aptes à être heureux me paraît en soi une notion moins absolument claire. Je tiens à insister sur ce second devoir, que je considère comme très impérieux dans une société compliquée où la vie ne s'ouvre pas toute tracée, toute droite comme on l'a vue à d'autres époques, où chacun doit de bonne heure compter sur lui-même, et vraisemblablement sera aux prises avec beaucoup de difficultés. Il y a lieu, je crois, pour l'éducateur, de prendre un soin particulier à ne pas paralyser chez l'enfant cette faculté d'être heureux; à s'appliquer en s'efforçant de le rendre bon, à ne pas affaiblir sa capacité de jouissance et de lutte.

Nous pouvons comprendre en un même terme ce besoin d'être bon, d'être heureux, que nous connaissons à nos enfants : disons que nous essaierons de les rendre sains, c'est-à-dire de les mettre en équilibre avec le milieu où ils sont appelés à se développer.

Comment arriverons-nous à avoir des enfants sains ? Ce sera, pour une très large part, grâce à l'application des grands progrès réalisés dans ces dernières années; c'est en nous occupant de l'hygiène du corps, en tâchant de développer l'organisme dans les meilleures conditions de santé. Ce soin est capital : rien qu'en nous en acquittant consciencieusement nous faisons une œuvre d'éducation considérable.

Mais, en second lieu, il faut essayer de parfaire l'œuvre, de manière à réaliser complètement le vieil adage latin : *mens sana in corpore sano*, l'esprit sain dans un corps sain. Comment y arriver?

Nous pouvons comparer notre tâche à celle des médecins du corps vis-à-vis de leurs malades. Comment agissent les médecins? Ils commencent, au moyen du diagnostic, par déterminer de la manière la plus précise le cas et le tempérament du sujet : celui-ci connu, ils le traitent par une médication appropriée; et, ce qui est encore plus important, peut-être, ils s'efforcent de le faire vivre dans le milieu qui lui convient; cette méthode se résume donc dans ces trois termes : diagnostic, thérapeutique, et hygiène.

Nous en aurons l'équivalent en appliquant à l'âme de nos petits malades, ou à leurs diverses maladies morales, les procédés suivants : l'observation minutieuse qui sera l'équivalent du diagnostic; *l'action directe et personnelle à leur égard, qui sera l'équivalent de la thérapeutique,* et enfin l'action indirecte du milieu, qui sera l'équivalent de l'œuvre d'hygiène. Nous allons rapidement essayer de reprendre en détail ces trois parties de notre programme.

L'observation. On ne saurait trop insister sur la nécessité qu'il y a à observer nos enfants. Ce point est capital, et je trouve que son importance est souvent méconnue. Je suis stupéfait de la négligence avec laquelle on dogmatise sur l'enfant. La vérité est qu'il n'y a pas deux enfants qui doivent être élevés de la même manière ; depuis leur plus jeune âge, ils offrent entre eux des différences considérables et absolument indispensables à connaître, si nous ne voulons pas nous exposer aux erreurs les plus fâcheuses.

Ce travail d'observation, les parents seuls sont qualifiés pour le mener à bien, ils en ont le loisir, ou du moins il faut qu'ils le trouvent ; ils en ont le devoir ; c'est seulement de cette manière qu'ils arriveront à remplir en conscience leur rôle et à éviter des malentendus initiaux, pouvant déterminer des lacunes ou des tares morales de la dernière gravité.

Je voudrais préciser par deux ou trois exemples ce que je veux dire, et montrer comment des phénomènes, n'étant pas interprétés d'une manière intelligente, peuvent suggérer des conclusions tout à fait fausses :

Voici, par exemple, un enfant : il voit un chat qui dort et lui tire la queue. Pris en flagrant délit, il est grondé, il proteste et ment ; il reçoit des remontrances sévères, se fâche, bat sa bonne. Quelle succession de forfaits susceptibles d'être interprétés de la manière la plus sévère ! Or, l'acte initial

de cette tragédie a été simplement un besoin nerveux de toucher un objet qui remuait ; si la tacti-
que avait été différente, nous aurions évité une
scène qui peut n'avoir aucune espèce de valeur éducative. D'autre part, voilà un enfant qui regarde
sa mère avec des yeux calmes et qui spontané ment,
sans rime ni raison, se met à la combler de caresses ; la mère, touchée, l'embrasse lui donne un bonbon. Pour peu que cet acte s'accomplisse plusieurs
fois, il n'est pas injuste d'en inférer que ces déclarations de tendresse ne seront qu'une manière
détournée de demander un bonbon, et il serait
téméraire d'en induire d'autres conclusions.

Troisième exemple : Que signifie la faculté de
mensonge des enfants ?

Presque tous les enfants mentent à un moment
donné, et, naturellement, on flétrit cette action,
déplorable quand elle n'est pas commise par une
grande personne, d'une façon très sévère ; c'est
notre devoir ; mais qu'elles peuvent être différentes
ces raisons qui ont poussé l'enfant à mentir, c'est-
à-dire à transformer la vérité! Ce peut être la
crainte d'un tempérament faible, — un jeu de
l'imagination d'un futur romancier ou poète ; — ce
peut être le désir d'affirmer d'une manière indépendante une personnalité naissante ; — ce peut être
simplement, et cela c'est même très touchant,

la croyance obscure qu'il suffira de dire quelques paroles pour   · la réalité soit autre et que soit modifiée d   ens avantageux une série de phénomènes q   araissent redoutables ou embarrassants. Que de nuances dans un péché qu'il est si facile et si injuste de traiter toujours identiquement !

Tâchons de tenir compte, puisque nous sommes des parents, de toutes les observations de détail, et de comprendre nos enfants avant de les morigéner. Ne nous effrayons pas de certains mots qui leur échappent, mots jugés effroyables, qui paraissent jeter sur leurs âmes des jours ténébreux. Souvent, ce sont des propos recueillis au hasard de l'oreille, des réminiscences mal digérées. Les parents qui jugent leurs enfants très sévèrement sont quelquefois proches de l'odieux ; ceux qui s'extasient devant eux, à la manière du hibou, leur rendent le pire service. Tâchons de différer des uns et des autres, de façon à nous conduire, non pas selon la loi générale et impersonnelle, mais selon l'équité qui tient compte des tempérament et des facultés de chacun.

Une fois nos enfants connus, — nous espérons y arriver, — mettons-nous en devoir, par notre action personnelle, de fortifier leurs qualités et de déraciner leurs défauts.

Cette action personnelle peut être de plusieurs sortes. On peut l'envisager principalement comme immédiate et impérative : nous pouvons agir par le principe d'autorité, — et elle peut au contraire se produire par voie indirecte ou persuasive.

Le principe d'autorité est, il faut le reconnaître, cruellement battu en brèche de nos jours. La seule monarchie absolue qui subsiste est tempérée par l'assassinat, ce qui n'est pas d'un exemple extrêmement encourageant. Dans les autres, le pouvoir du monarque se voit restreint par des parlements. Il en va de même dans le monde social où les syndicats tiennent en échec l'ancien despotisme patronal. Je n'hésite pas à dire que, dans la famille, l'autorité est presque aussi battue en brèche que dans les monarchies et que dans l'industrie. Nous avons une certaine peine à nous faire obéir dans les petites choses et même dans les grandes. Les communes insurrectionnelles éclatent facilement dans nos intérieurs. Il y a donc lieu de nous comporter non seulement avec fermeté, mais avec prudence.

Deux principes me paraissent devoir dominer notre attitude : en premier lieu, usons peu du principe d'autorité pour ne pas en galvauder ce qui persiste ; et en second lieu, quand nous sommes décidés à en user, ne tolérons pas d'insubordination.

Usons peu de l'autorité. Autant que possible, expliquons la raison de nos ordres ; faisons-en accepter le principe, substituons, chaque fois qu'il se peut, au régime de l'autorité aveugle le régime de l'autorité consentie. Par les traités d'arbitrage, on arrivera peut-être à diminuer les conflits armés entre nations. Il y a des arbitrages domestiques d'un effet plus sûr, ceux auxquels les enfants ont consenti en vertu de leur propre volonté.

Prenons garde à nous mettre en faute ; évitons les mouvements d'impatience qui trop souvent nous échappent ; ne laissons pas ébranler notre prestige. N'oublions pas que nous sommes guettés par des yeux impitoyables et des esprits aiguisés, qui ne manqueront aucune occasion de nous mettre dans notre tort. Il n'est pas nécessaire que nous soyons omniscients ; évidemment, sur beaucoup de points, à commencer par la grammaire et la géographie, nos enfants sont rapidement beaucoup plus instruits que nous-mêmes ; par conséquent, nous ne pouvons pas leur apparaître pourvus de toutes les connaissances. Sachons donc au besoin avouer de bonne grâce notre ignorance : mais, lorsque nous affirmons quelque chose, il faut que ce quelque chose soit exact et qu'on ne puisse pas admettre qu'il y a recours ou prescription contre ce que nous avons dit.

Evitons, lorsqu'il se peut, de manifester notre autorité dans un moment où peut-être elle risquerait de se heurter à une résistance très violente. A l'occasion, temporiser est prudent. Il vaut mieux, lorsqu'une manifestation bruyante parcourt les grands boulevards, tâcher de la couper par petits paquets plutôt que de lui opposer une barrière brutale de gardes municipaux ou de sergents de ville ! Tâchons de dériver les conflits plutôt que de faire intervenir en face notre volonté.

Mais quand elle intervient, ne tolérons pas qu'elle soit battue en brèche, sous peine d'anarchie.

Une démocratie libre doit être le pays où l'autorité sera le mieux obéie, sinon c'est le despotisme, le régime du bon plaisir de chacun. Le principe d'autorité est nécessaire partout, il doit être partout respecté. La faculté de la grève est un droit sacré ; mais le gouvernement le plus démocratique, celui même de M. Clémenceau, ne peut souffrir qu'elle dégénère en insurrection. Il y a des cas de grèves où, après trois sommations, on est obligé de faire donner la troupe. Lorsqu'il sera nécessaire, après le nombre de sommations voulues, nous ferons donner la troupe.

Sous quelle forme ? Ceci encore est discuté. Il y a des mamans qui trouvent que châtier leur enfant sous une forme quelconque est atroce ; il y a des mamans qui gâtent leur enfant. Si elles réfléchis-saient à la signification réelle, du mot gâté, synonyme de pourri et de décomposé, peut-être tente-raient-elles de réagir plus vigoureusement contre une faiblesse dont les résultats peuvent être désas-treux. Il y a des enfants sur lesquels une claque donnée à propos peut exercer une influence excellente et qu'elle stimulera vers la vertu d'une manière plus efficace que beaucoup d'exhortations.

Bien entendu, il y aura lieu de ne pas multiplier les châtiments et de ne pas en avoir à sa disposition une hiérarchie trop compliquée. Vous savez que, dans les pays où l'on fusille trop aisément, le crime est à l'état endémique et que la bombe vient au secours du poignard ; vous savez que, dans les pays où on raffine les supplices à l'infini, comme en Chine, la vie humaine finit par être tenue dans le mépris le plus complet. Nous tâcherons d'user peu du châtiment, de le proportionner le mieux possible aux facultés de nos enfants, et, d'une manière générale, en usant de notre autorité, d'éviter le plus possible de les exaspérer et de les opprimer. J'insiste sur ce dernier point. Nous avons besoin et nos enfants auront besoin d'un individualisme vigoureux ; ne le restreignons pas dès leurs premières années, et, autant que possible, au lieu d'agir par autorité, agissons par persuasion.

Pour pouvoir agir par persuasion, il faut avant tout inspirer confiance ; la diminution du respect que nous signalions tout à l'heure peut, si nous savons nous y prendre, être compensée par une augmentation de confiance.

Nous sommes beaucoup moins distants de nos enfants que quelquefois nos parents ne l'étaient de nous, et, dans tous les cas, que nos grands-parents ne l'étaient de nos parents. Je crois que, en raison même des nécessités de la vie moderne qui nous renferme dans de petits appartements, nous vivons beaucoup plus en contact avec eux que nos parents autrefois ne vivaient avec les leurs. Souvent le mariage se fait plus tôt ; l'homme et la femme sont plus jeunes, l'homme surtout. Il peut lui être plus facile, par conséquent, de comprendre ses enfants. Il y aura d'eux à lui plus de familiarité que jadis, plus de rapprochement, de communication. De cela les résultats peuvent être excellents

Il y a donc un élément d'influence précieux dont les parents qui savent en user pourront se servir utilement, et il faut se préoccuper de l'acquérir pleinement.

Nous acquerrons la confiance de nos enfants par diverses voies : d'abord en ne les trompant jamais, même pour de petites choses, en accueillant toujours leurs confidences, en les traitant de bonne heure comme de petites personnalités.

Ne les trompons jamais : c'est une chose essentielle. Un enfant trompé gardera quelque chose de défiant, et souvent se refermera sur lui-même.

Accueillons ses confidences ; ne nous moquons pas facilement de ce qu'elles peuvent avoir de naïf ou d'absurde en apparence.

Un enfant trompé, et chez lequel nous ne saurons pas voir ce qui se passe, ira demander à d'autres ce que nous ne lui avons pas appris nous-mêmes. Traitons le plus possible les enfants en gens raisonnables ; ils seront touchés, flattés et reconnaissants ; s'ils ont confiance en nous, ce sera presque le point capital de gagné. Nous aurons de l'action sur eux, et nous les dispenserons de ces longs sermons, de cette éloquence ayant pour but de verser dans l'âme de bons préceptes qui, au point de vue oratoire, peut être d'un effet remarquable, mais qui certainement, au point de vue pédagogique, est peu féconde. Nous agirons donc beaucoup par notre simple exemple. Nous agirons encore en laissant aussi nos enfants faire parfois eux-mêmes leur expérience.

C'est Rousseau, pour l'éducation de son « Emile », qui avait inventé un système d'expériences très soigneusement truquées et qui, heureusement, n'a été mis à l'œuvre par aucune mère de famille. Nous ne ferons pas comme lui ; mais l'action des forces naturelles sera singulièrement plus éducative que notre éloquence : lorsque le chat auquel Bébé tirait la queue lui aura donné un coup de griffe, quand la grille du feu lui aura brûlé le doigt, Bébé sera beaucoup plus convaincu que la liberté d'autrui doit être respectée et que le feu est chose dangereuse, que quand nous aurons tenté de le lui démontrer, même si nous possédons des facultés d'élocution très remarquables.

Enfin, et surtout, nous essayerons de créer autour de nos enfants le milieu qu'il faut ; nous essayerons de parer autant que possible à tout ce qu'il y a d'imparfait et de médiocre parmi tant d'éléments qui les environnent, la rue, le contact des maîtres, souvent celui des camarades et des domestiques, et le nôtre même : nos enfants doivent être nos éducateurs tout aussi bien que nous sommes les leurs ; nous reconnaîtrons généralement que leurs défauts sont nos défauts, appropriés à leur âge ; nous nous surveillerons infiniment devant eux ; nous nous rappellerons l'importance d'un mot ou d'un geste mal compris ; nous nous ferons à nous-mêmes un bien énorme en essayant de leur en faire en peu.

Dans quel sens faut-il exercer cette action que

nous voulons avoir, qu'il faut que nous ayions sur nos enfants?

C'est ici encore qu'intervient l'idéal personnel de chacun de nous. Chacun, évidemment, selon ses idées, selon sa profession, son genre d'occupation, son genre de vie, ou celle qu'il désire voir embrasser par ses enfants, leur rêvera une âme un peu différente. Cependant, je crois que, d'une manière générale, on peut se dire ceci : ces petits êtres, qui sont en ce moment chez nous aux prises avec notre mobilier et nos domestiques, auront vraisemblablement à vivre dans des temps assez mal commodes. A l'intérieur de notre pays, il y a de grandes agitations, qui en laissent présager de plus grandes, non seulement en France, mais partout. Toutes les sociétés sont grosses de questions brûlantes ; il y a des divisions morales ; et surtout politiques, sociales et religieuses : à moins que les choses ne changent beaucoup, et je crains énormément qu'elles ne changent pas, nos enfants seront aux prises avec bien des difficultés. Ils auront besoin d'avoir l'esprit net et la volonté bien trempée et de savoir se rendre un compte exact de la réalité.

C'est pourquoi je crois que, si nous voulons leur rendre service, nous devrons tâcher de débarrasser leur âme d'un certain nombre d'inutilités, même parfois respectables, qui encombrent un peu la nôtre. Nous devrons nous attacher, de préférence, à leur donner ces qualités que nous avons nous-mêmes en quantité insuffisante, dont nous éprouvons le besoin, et qui sont plus difficiles à acquérir, une fois qu'on n'est plus dans la période de l'enfance.

D'abord, la première chose à faire, c'est de tâcher de leur rendre l'enfance la plus heureuse possible. Les médecins, les hygiénistes, nous apprennent qu'un enfant qui n'a pas eu de maladies pendant les premiers âges de sa croissance est infiniment plus facile à élever, et reste plus robuste toute sa vie, que ceux qui, de bonne heure, ont été aux prises avec la souffrance.

Je crois qu'il en va de même pour l'éducation morale ; je crois que les enfants qui sont développés pleinement, gaiqment, sans contrainte, ont plus de chances de devenir des hommes heureux, sains, bien équilibrés, que ceux qui garderont de leur enfance un souvenir attristé ou contraint.

D'autre part, essayons, au lieu de nous en scandaliser, de fortifier chez eux ce besoin de précision et de sens pratique qui nous choque quelquefois dans nos fils et dans nos filles ; étant issus de nous, ils seront toujours idéalistes et assez épris de chimères ; il y a lieu de les empêcher de trop s'y abandonner, de préciser, de fortifier en eux le sens de la réalité.

Nous avons dit que nos enfants étaient volontiers sceptiques; essayons de tourner leur scepticisme en tolérance. Notre pays offre souvent, et peut-être particulièrement en ce moment, un spectacle assez révoltant : nous sommes une nation de sceptiques, qui sont mutuellement intolérants, ce qui est parfaitement absurde. Si nos enfants pouvaient, dans le respect de leur propre personnalité, prendre le respect de celle d'autrui, ils seraient peut-être des citoyens meilleurs que nous ne sommes.

Enfin, nos enfants, avons-nous dit, sont trop nerveux : cela frappe beaucoup, quand on voit des enfants d'autres nationalités, par exemple, des enfants anglais, à côté des enfants français. Il y a, chez nous, un développement prématuré de l'intelligence et de l'émotivité. Tâchons, en fortifiant leur corps, de les prémunir contre cette tendance; tâchons aussi de fortifier leur âme : de cette manière, nous arriverons peut-être à transformer en volonté consciente et réfléchie cet instinct de combativité ou d'entêtement que nous avons été obligés quelquefois de leur reconnaître. En somme, tâchons d'en faire des hommes ayant davantage le sens de la réalité et le sens du possible, des

hommes plus calmes, plus patients, plus volontai-
res (dans le bon sens du mot) que nous ne sommes.

Tel pourrait être l'objectif que je conseillerai aux
pères de famille. Quant aux mères, qui sont plus
en contact encore avec l'enfant que le père, il est
évident qu'elles sont en meilleure situation qu'il ne
l'est pour faire de ces vœux une réalité. Je n'hésite
pas à dire que je crois que le succès de leur tâche
est d'un intérêt capital, non seulement pour le
bonheur et la tranquillité de nos foyers, pour la
félicité future de nos enfants dont nous sommes,
pour une part, responsables, mais pour l'avenir
même de notre pays.

A. LICHTENBERGER.

CONFÉRENCE FAITE A L'ÉCOLE DES MÈRES

LES SENTIMENTS CHEZ L'ENFANT

PAR

M. Paulin MALAPERT

PROFESSEUR AU LYCÉE LOUIS-LE-GRAND

LES SENTIMENTS CHEZ L'ENFANT

L'enfant est un sujet de préoccupation pour tous. C'est un tyran, dont on se fait volontiers l'esclave; c'est une poupée, qu'on a plaisir à présenter, avec de beaux vêtements destinés à flatter la vanité de la mère plus qu'à charmer l'enfant; c'est un objet de préoccupation pour l'avenir, pour les sociologues, pour les moralistes. C'est, pour les psychologues, un objet d'études délicates, difficiles. En effet, nous sommes imbus de ce préjugé naturel, mais fâcheux, que l'enfant est un homme en miniature, qu'il a les caractères, les idées, les manières de penser et de sentir de l'adulte; c'est une erreur très grave; l'enfant a son originalité. L'enfant n'est pas un simple abrégé; il est un germe; on n'y aperçoit pas encore toutes les manifestations qui se développeront plus tard, grâce à l'évolution de la nature, mais aussi grâce à la direction qui lui sera imprimée. Les influences bonnes ou mauvaises ont une telle importance qu'on peut dire que l'enfant devient en partie ce que nous le faisons, par cette création continuée qui est l'éducation et la vie dans le foyer familial.

Une des parties les plus délicates de cette psychologie de l'enfant est à coup sûr celle qui a trait aux sentiments. L'enfant, à la naissance, n'est qu'un faisceau confus d'instincts et de tendances. « Quand j'examine mon enfant, a dit un physiologiste, je vois un animal, n'ayant comme les autres que des instincts de voracité: »

Parole injuste, car il y a aussi chez l'enfant les germes d'une vie morale et sentimentale, extrêmement riche, touffue et complexe, qu'un œil exercé discerne sous leur forme rudimentaire dès les premiers mois de l'existence.

Je suis obligé de me restreindre. Je procéderai par exclusion, ne considérant que deux ou trois sentiments, dont l'importance, au point de vue pédagogique et moral, me paraît capitale.

De très bonne heure, apparaissent chez l'enfant des manifestations émotionnelles très nettes. Dès les premières semaines, on remarquera l'émotion de la peur, de la crainte, non pas encore déterminée quant à son objet, mais très réelle comme mécanisme psychologique. Dès les premiers jours, un bruit violent, une lumière subite ou un dépla-

cement brusque, un changement de position,
quand l'enfant est tenu sur les genoux, provoque
en lui une réaction émotive, qui se traduit par une
série de contractions de la physionomie témoi-
gnant nettement qu'il est déjà accessible au sentiment de la peur. Aussi, c'est une faute grave de
provoquer la peur chez les enfants, d'une façon
inconsidérée; on risque de provoquer chez eux un
état de nervosité qui peut être préjudiciable à leur
équilibre physique et moral et faire naître des an-
goisses qui survivront quelquefois chez l'adulte. Ce
sont des erreurs pédagogiques qui peuvent avoir
des conséquences funestes.

Il y aurait une monographie bien curieuse aussi
à faire sur la colère de l'enfant. Des psychologues comme Preyer, Darwin, Bernard Pérez,
James Sully, etc., s'accordent à reconnaître que,
vers le deuxième ou troisième mois, l'enfant commence à manifester assez nettement sa colère, sa
résistance. sa révolte, contre ce qui lui déplaît,
contre les médecines amères qu'on lui fait absor-
ber, le biberon qu'il ne veut pas, l'emmaillotement
qui l'horripile, etc. La colère peut se développer
chez l'enfant sous des formes très diverses. Quelquefois il y a là un signe inquiétant pour l'avenir.
Mais j'estime qu'un enfant qui se met en colère
pour certaines causes déterminées de préférence

aux autres, témoigne parfois par là qu'il y a lieu de compter sur son avenir au point de vue moral. Stanley Hall cite, dans un travail sur les causes de la colère chez les enfants, le cas d'une petite fille qui était sujette à des accès de colère assez fréquents, toujours déterminés par une cause constante : la révolte contre l'injustice, qu'elle fût subie par les autres ou par elle-même ; je crois que ce sont là des colères non seulement légitimes, mais qui révèlent une personnalité future estimable. Toutefois, il faut prendre garde à laisser développer une disposition trop fréquente à la colère ; les enfants qui ont de grandes colères sont en général des nerveux et des malades ; c'est du médecin, plus encore que de l'éducateur, qu'ils sont justiciables ; cette disposition instinctive à une exaltation de la colère doit exiger des soins très attentifs si l'on ne veut pas risquer la santé, la vie même de l'enfant, en tout cas sa santé morale et intellectuelle.

Il y aurait une série d'autres problèmes particuliers à examiner : la question de la curiosité, de la vanité et des formes diverses sous lesquelles elle se manifeste, la fatuité, l'orgueil. Il y aurait une foule d'anecdotes à raconter sur ces manifestations de la curiosité ou de la vanité infantiles.

Mais j'ai promis de me borner ; et je m'en

tiendrai à attirer votre attention sur trois points.
La bonté, le respect de la vérité, l'amour de la
justice, voilà trois sentiments qui, au point de vue
psychologique et moral, me paraissent d'une importance tout à fait capitale. J'oserai dire que si
les parents, si les mères savaient, à ce triple point
de vue, bien conduire l'éducation de leur enfant,
l'éducation morale serait à peu près achevée, car
un enfant doué de ces trois qualités serait assuré,
dès le jeune âge, de posséder tout le bienfait des
discours les plus savants et des livres les mieux
faits qu'il pourra consulter plus tard.

La sympathie, l'émotion tendre, est un sentiment très complexe. Le mot sympathie offre, vous
le savez, dans le langage courant, deux sens, que
le psychologue distingue nettement. Par sympathie, on peut entendre, tout d'abord, le simple fait
de la communication, de la contagion de certains
sentiments, de certaines émotions, peines ou plaisirs, car les joies se communiquent par la sympathie tout aussi bien que les douleurs, et il ne faut
pas s'en rapporter entièrement à cet usage courant des formules de condoléance où le mot sympathie signifie seulement participation à la douleur.

D'autre part, le mot sympathie désigne l'émotion tendre, l'affection, le besoin de s'unir à une

personne ; il exprime la bienveillance et la bienfaisance.

Or, ce sont là deux phénomènes psychologiques
bien distincts l'un de l'autre. Sans doute, l'aptitude à partager les sentiments d'autrui contribue à
accroître l'émotion tendre, l'affection et l'amour, et
il est évident que, si nous aimons les gens, rien de
ce qui les touche ne nous devient indifférent. Mais
l'indépendance de ces deux sentiments résulte de
ce fait que chez beaucoup de personnes la sympathie s'éveille sans que leur cœur soit touché.

Ce phénomène a été remarqué par les naturalis-
tes : il y a des espèces d'animaux qui ont coutume,
quand un des leurs est blessé au milieu du troupeau, de se précipiter sur lui pour l'achever. Il y a
bien des gens dans l'espèce humaine qui sont d'un
caractère comparable, avec la nuance que la civilisation impose ; vous les entendez dire assez naïvement : « J'ai tellement de chagrin à voir les autres
souffrir que, quand je sais mes amis dans la peine,
je ne vais jamais les voir ; je compatis avec tant
d'effusion aux misères de l'humanité que je me
bouche les yeux pour ne pas les voir, de peur d'en
être trop malheureux. » Excès de contagion, mais
défaut de cœur, défaut d'amour.

Chez l'enfant, la sympathie, comme contagion
des émotions, se manifeste bien avant l'émotion

tendre, et l'émotion tendre elle-même suit une évolution qui part de ses formes les plus égoïstes et les plus personnelles, pour atteindre son expression la plus désintéressée et la plus active.

La contagion des émotions est un fait extrêmement général, c'est une propriété psychologique, et même physio-psychologique, qui se retrouve dans tous les êtres vivants, mais qui se présente cependant dans l'humanité avec des aspects particuliers : je veux dire qu'elle peut ne plus être un simple retentissement dans notre conscience des manifestations de la douleur, des chagrins, des joies, des émotions, de la colère des autres personnes, mais le retentissement dans notre conscience de certains sentiments, qui ne se manifestent pas immédiatement, directement, et cela grâce à un processus intellectuel et au travail imaginatif de la pensée.

Chez un enfant, on s'aperçoit que cette sympathie d'ordre imaginaire et intellectuelle apparaît seulement vers l'âge de trois ans. C'est vers cette époque que l'enfant commence, par exemple, à fondre en larmes ou à pincer les lèvres, quand on lui raconte l'histoire de l'Ogre et du Petit Poucet, qu'il redemande d'ailleurs avec insistance. Il y prend plaisir ; les larmes qu'il verse ne sont pas amères, elles ont une certaine douceur.

Au contraire, la sympathie directe et immédiate

apparaît dès les premiers mois. Vers l'âge de six mois, nous voyons les petits enfants manifester sur leur visage qu'ils ne sont pas insensibles aux larmes et aux cris ou à la joie de leurs petits frères, de leurs petites sœurs, au milieu desquels ils vivent, et même aux chagrins ou aux joies que manifestent les personnes plus âgées, les adultes qui les soignent et auxquels ils sont attachés.

Mais, en ce qui concerne l'affection tendre, le sentiment tendre, il est manifeste que l'enfant l'éprouve tout d'abord sous la forme d'un besoin d'être aimé, d'être caressé, protégé, embrassé, beaucoup plutôt que sous la forme contraire du besoin d'exprimer, de traduire sa propre affection, sa propre tendresse pour autrui. Cependant, c'est d'assez bonne heure que l'enfant est capable d'aimer vraiment; mais il ne faut pas exiger de lui qu'il sache ce qu'il doit aimer, comment il doit aimer, et surtout de quelle manière il convient de manifester son amour.

Ce qui est caractéristique dans le sentiment tendre chez l'enfant, c'est sa mobilité, sa variabilité, son caractère explosif et instantané. Ses émotions durent peu; et il est très heureux qu'il en soit ainsi, car son organisation trop frêle ne pourrait pas supporter la même émotion un peu violente pendant un temps considérable; mais ce qui caractérise surtout ses émotions, c'est l'irréflexion, l'absence d'intelligence qui l'empêche de se rendre compte de leur pourquoi, des circonstances dans lesquelles les émotions qu'il partage avec les autres se sont présentées chez ceux-ci et de ce qu'elles peuvent être chez eux.

Pour l'enfant, la sympathie, à cet égard, obéit à la loi générale que nous lui voyons suivre dans le développement de l'humanité tout entière, cette loi psychologique qui fait que nous sympathisons avec les autres dans la mesure où nous sommes capables de nous représenter exactement ce qu'éprouvent les autres, à l'occasion des manifestations extérieures de leur propre émotion. Nous savons tous que les malheurs, les désastres frappant une région éloignée, inconnue de nous, nous laissent infiniment plus froids que ceux qui frappent des gens que nous pouvons nous représenter, dans un pays que nous avons vu : notre imagination, en ressuscitant devant nos yeux le cadre dans lequel les événements se sont produits, donne à notre émotion plus de ressort, de force et d'énergie. Il nous est très difficile, au contraire, de partager les émotions des êtres dont la sensibilité nous est totalement inconnue : j'avoue qu'en lisant, dans tel ouvrage où il est question de la psychologie du sauvage, le récit de leur désespoir lorsqu'ils ont perdu une amulette précieuse qui devait leur porter bonheur, je n'ai pas toujours compati pleinement avec eux, parce que je ne me rendais pas un compte très exact de la nature particulière du sentiment qu'ils devaient éprouver. Au contraire, je conçois très bien, par l'imagination, le chagrin d'un fils qui a perdu sa mère, d'un père qui a perdu son fils.

Or, l'enfant ne participe à l'émotion que dans la mesure où il est capable de se la présenter. C'est pourquoi il nous apparaît comme très cruel à certains égards. Cette cruauté est purement et simplement légèreté ou inintelligence, absence de compréhension nette et précise de la douleur à laquelle il ne songe pas.

Les enfants sont impitoyables avec les animaux, et même lorsqu'ils font preuve d'un très bon cœur, de sentiments très délicats à l'égard des autres enfants et des êtres humains en général, ils ont pour les animaux une insensibilité qui paraît toucher à la cruauté. Je ne crois pas pourtant que les enfants soient cruels au sens propre du mot, je ne crois pas qu'ils trouvent je ne sais quel monstrueux plaisir à faire souffrir. Non; ils jouent avec un animal, comme ils joueraient avec leur balle, leur fouet ou leur cheval mécanique. L'enfant martyrise les animaux sans méchanceté, et il y a beaucoup de gens qui sont exactement dans cette situation. Bernard Pérez raconte l'anecdote suivante. Une jeune fille charmante, une jeune Espagnole, qui avait fait ses études à Paris avec beaucoup de succès, très aimée de ses compagnes, d'un excellent cœur, dont ses maîtresses étaient enchantées, avait terminé ses études ; sa mère vint la chercher et lui dit, après les félicitations d'usage de ses maîtresses, et très orgueilleuse des louanges qu'elles adressaient à sa fille, ange de douceur et de perfection, que, pour la récompenser, elle allait l'emmener à Vitoria, où elle verrait des exécutions capitales. Immédiatement la jeune fille, sautant de joie, déclare qu'elle est ravie. Du reste, rien jusque-là ne lui faisait autant de plaisir que le spectacle des courses de taureaux, et elle se pâmait d'aise au moment où l'espada se plongeait dans l'échine du taureau.

Voici un mot cruel d'un enfant de quatre à cinq ans. Il avait un petit cousin ; les deux enfants étaient constamment ensemble. Le petit cousin vint à mourir ; on conduit l'enfant chez le père, il pleure, se jette dans les bras de son oncle avec beaucoup de sincérité, puis tout d'un coup s'écrie : « Maintenant que Fernand est mort, tu vas me donner son cheval mécanique. »

Cruauté? Non. Cet enfant a fait ce que lui dic-

tait son bon cœur sur le premier moment ; mais il
n'a pas pu persister dans cette disposition en raison de la légèreté naturelle de cet âge, plutôt que
de l'inintelligence, à moins qu'on ne parle d'inintelligence partielle de la profondeur de la tristesse
qui, chez un adulte, ne s'épanche pas en quelques
minutes de larmes.

Voici un autre exemple. Un enfant de trois ans
apprend qu'il va avoir un petit frère : grande joie :
ce sera pour lui une poupée articulée vivante !
Lorsque la poupée arrive, c'est un vrai délire, ce
sont des sauts, des cris de joie. Puis, au bout de
quelque temps, il s'aperçoit que la poupée est
accaparante, que c'est toujours elle qui prend
place sur les genoux de maman, qu'on va voir la
première, et que lui a perdu une grande partie de
ses privilèges. Alors commence à apparaître en lui
un sentiment de jalousie assez naturel, qui lui fait
dire un jour : « Enfin, est-ce qu'il ne va pas bientôt
mourir ? »

En somme, ce mot de l'enfant n'était que l'expression d'un besoin de défense, celui de conserver
la place qu'il avait occupée et dont il avait été
dépossédé d'une façon qui lui paraissait tout à fait
inique.

Le sentiment de bonté, de tendresse, l'enfant le
manifeste d'abord sous des formes égoïstes : c'est

lui qui est le centre de l'univers ; il ne songe pas à accroître sa personnalité, mais à la répandre autour de lui. Bien souvent, on peut reconnaître la vérité profonde de cette parole de moraliste : « Il n'y a qu'une façon de se posséder, c'est de se donner. » L'enfant a une tendance à se donner ; il se donne spontanément : les témoignages d'affection et de tendresse qu'il prodigue à ses parents sont la preuve d'une source extrêmement riche de bons sentiments à l'état de germes, qu'il dépendra de nous de laisser développer et fructifier.

L'enfant manifeste d'abord sa tendresse sous forme de caresses, de joie, quand il revoit ceux qu'il aime ; sous forme aussi de bienveillance qui lui fait désirer que les autres soient joyeux, qui lui fait éprouver un vrai chagrin même quand il ignore la cause des larmes de ses frères ou sœurs, quand il voit qu'on les gronde et qu'on se fâche ; enfin sous forme de bienfaisance active.

Le passage de la bienveillance à la bienfaisance serait très curieux à analyser : je ne crois pas qu'elles soient le prolongement l'une de l'autre ; je ne crois pas que la bienfaisance active soit une bienveillance multipliée, éclairée par l'intelligence. Elle est quelque chose de plus actif et de plus précieux aussi, qui révèle une plus fière allure d'âme que la simple bienveillance passive. Considérez l'adulte; une foule de gens épanchent tout leur besoin de bonté en des sentiments qui paraissent un peu mesquins, par exemple l'adoration pour les chats ou les chiens. Il y a des gens qui laissent avorter en un sentimentalisme vague, sans bienfaisance féconde, toute la richesse de cœur qu'ils croient avoir.

Dans l'évolution de l'humanité, nous apercevons ce passage de la simple bienveillance à la bienfaisance, dans des cas curieux à analyser, et qui nous révèlent le mécanisme psychologique de cette transformation. Je vais prendre un exemple. Je ne l'emprunterai pas à l'humanité préhistorique, mais aux faits que nous avons tous les jours sous les yeux. Vous est-il jamais arrivé, pendant l'été, de jeter quelques gouttes d'eau sur une fleur à demi desséchée, et n'avez vous pas éprouvé, le lendemain, en voyant la plante épanouie, un certain sentiment d'attachement pour cette fleur qui semble vous remercier de l'aumône que vous lui avez faite? Les chats qu'on aime le plus ne sont-il pas toujours ceux qu'on a ramassés dans la rue? Les enfants qu'on préfère ne sont-ils pas ceux qui vous ont donné le plus d'inquiétude, exigé le plus de dévouement? C'est parce que nous avons fait quelque chose pour un être que nous nous attachons à lui. C'est la joie de l'activité triomphante qui, s'ajoutant à la joie passive, la transforme en besoin énergique de faire encore du bien. C'est l'histoire du *Voyage de M. Perrichon*. Quand on a sauvé quelqu'un d'un danger, on l'aime plus que si on avait été sauvé par lui. C'est, inversement, Jean-Jacques Rousseau disant : « Le monde est plein de gens qui me haïssent pour le mal qu'ils m'ont fait. » Nous détestons les gens dans la mesure où nous avons été injustes à leur égard. Nous passons en revue tous leurs défauts afin de nous justifier, et la plupart du temps nous arrivons à cette conclusion que nous sommes restés bien au-dessous de ce que nous pouvions dire, si nous avions voulu être sévère. De même, c'est en servant les gens qu'on apprend à les aimer. Ce n'est pas par des discours, par des démonstrations théoriques qu'on développe l'amour; c'est en agissant. Des moralistes ont dit : On ne commande pas à l'amour. Si vous faites du bien, cependant, si vous vous forcez à rendre service, à adoucir les souffrances d'autrui, vous verrez qu'au bout de peu de temps vous aimerez les personnes que vous aurez secourues. Cela nous amènerait à des conclusions pratiques en ce qui concerne l'éducation, pour développer la sympathie, l'émotion tendre et la bonté chez l'enfant.

Mais je veux dire auparavant quelques mots des

autres sentiments, ceux de la sincérité et de la justice : ce sont déjà des sentiments d'un ordre plus élevé, impliquant un développement intellectuel assez considérable.

Le sentiment de la sincérité se développe d'abord chez l'enfant sous une forme rudimentaire très simple : la naïveté, la spontanéité, qui fait que l'enfant, pour ainsi dire, exprime tout ce qu'il sent. Il ne modifie rien à ses sentiments, parce qu'il ne songe même pas aux raisons qu'il aurait de les modifier dans leur expression extérieure. C'est l'absence de motifs, l'absence d'occasion, qui le rend et le maintient sincère. Cette sincérité toute spontanée est liée, au point de vue psychologique, à son corollaire, je veux dire à cette naïveté avec laquelle l'enfant accepte tout ce qu'on lui dit et tout ce qu'il voit. En un mot, la sincérité est liée à la crédulité. L'enfant n'est profondément sincère que dans la mesure de sa crédulité; et c'est parce qu'il perd sa crédulité primitive, qu'il va perdre bientôt sa sincérité primitive.

Comment perd-il sa crédulité? Il la perd de bonne heure, en s'apercevant que les choses ne sont pas toujours ce qu'elles paraissent; il s'aperçoit que les choses peuvent être d'apparence identique, et leurs propriétés réelles différentes; il croit voir au loin un gros chien blanc; de près, c'est un mouton : l'animal l'a trompé, c'est un véritable menteur aux yeux de l'enfant. Il trouve aussi des objets de même couleur ayant des natures différentes, etc. Les apparences sont des mensonges. Il est donc amené ainsi à ne plus considérer les choses sous le même point de vue naïf.

Mais l'enfant apprend surtout à mentir, à perdre sa sincérité primitive, grâce à nous, qui sommes à cet égard ses éducateurs. Nous lui apprenons à mentir, d'abord en jouant, en plaisantant. Il apprend aussi à transformer les caractères et les rapports des choses par l'imagination; c'est ainsi qu'un enfant vous dira : J'ai vu un papillon qui était gros comme la maison. Cela n'est pas un vrai mensonge, car il rit, il exagère comme un Méridional. Mais il peut s'habituer à devenir Normand.

C'est qu'en effet, l'enfant est amené à mentir parce que nous nous croyons très souvent obligés de le tromper, sciemment, et pour son bien : par exemple, pour lui faire prendre une médecine amère, on lui dit que c'est bon. Par suite, il arrive à s'apercevoir de l'usage pratique et utilitaire qu'on peut faire du mensonge. Il y a beaucoup d'enfants chez qui le mensonge devient, de la sorte, une espèce de gêne de conscience. Cela leur semble être un procédé de même ordre que l'adresse et l'habileté manuelle : c'est un tour de main, ou un tour de langue, à attraper. Et l'enfant ment de toute sorte de façons. Il ment par ses gestes aussi bien que par ses paroles : par les gestes qu'il fait et par ceux qu'il ne fait pas. Il y a là un danger très grave.

Le sentiment de la sincérité, c'est parfois dans l'égoïsme même que nous en trouvons le germe : c'est l'humiliation d'avoir été trompé qui lui donne le sentiment de ce qu'il y a de vraiment immoral dans la duplicité. On s'est joué de lui, on s'est moqué de lui ; il est humilié, il est fâché ; et cela l'amène à réfléchir sur ce qu'il y a d'injuste et d'inique dans le mensonge. L'horreur du mensonge peut être plus ou moins naturelle chez l'enfant, mais elle peut être toujours développée, et je crois que notre système d'éducation familiale devrait être singulièrement transformé sur ce point, parce que nous contribuons dans une très large mesure, par faiblesse, par lâcheté (parce qu'il est bien plus commode de ne pas avoir à nous affirmer nous-mêmes comme toujours sincères, loyaux et honnêtes), à donner à l'enfant un sentiment très médiocre de ce qu'est le respect de la vérité objective, de la vérité des choses.

On risque, en mentant devant l'enfant, de lui faire perdre le sentiment de vénération et de respect pour ses parents, et on risque de développer en lui cette idée que le mensonge est un instrument qui peut servir à une foule d'usages précieux.

J'en dirai autant du sentiment de la justice et de l'injustice. Le petit enfant a de très bonne heure, un sentiment extrêmement net et précis du juste et de l'injuste. Bien avant que sa raison soit assez développée pour que ces idées ne soient formées dans son esprit, et qu'il soit capable d'exprimer ces mots, il en a le sentiment et le manifeste par certaines attitudes. Remarquez l'attitude d'un enfant qui est puni justement ou injustement : dans le premier cas, il y a révolte, protestation mais dans le second cas il y a une révolte d'un caractère tout particulier, d'ordre essentiellement moral : l'enfant a une idée de la justice qui est beaucoup plus rigoureuse et plus précise que nous ne le croyons ordinairement; il en a une idée qui se présente, dès le début, sous une forme en quelque sorte mathématique : c'est la même punition qu'il veut pour la même faute extérieure objective; il est toujours disposé à considérer comme une iniquité ce fait que son frère, qui a accompli le même acte extérieurement, n'a pas reçu exactement la même punition extérieure; et si l'un est puni, pour telle faute, par exemple par une privation de dessert, et l'autre par une privation de promenade, comme ce n'est pas la même sanction, il voit là une iniquité.

Lorsque nous punissons les enfants, pour une faute quelconque, et surtout pour un mensonge (car ces choses se rattachent, le sentiment de la véracité, de la probité à l'égard de ses propres pensées, est intimement lié, intimement uni à celui de la justice), lorsque nous punissons les enfants, il faut bien prendre garde à les punir uniquement quand cette punition est certainement juste.

Rien n'est plus grave qu'une punition inique ; cela peut avoir des effets déplorables dans l'avenir. Mieux vaut laisser passer des fautes dont on n'est qu'à peu près sûr que de frapper à faux ou trop vite. Notre premier mouvement, en présence d'une faute commise par un enfant, c'est une réaction de défense : nous songeons à le faire cesser. Mais il faudrait nous demander comment lui-même il a jugé son acte, s'il a vraiment cru mal faire. Ce n'est pas à notre point de vue, c'est au sien qu'il faut nous placer. Prenons un exemple.

Un enfant ment lorsqu'il dit le contraire de ce qu'il s'est représenté à lui-même, mais non lorsqu'il dit le contraire de la réalité. A chaque instant, nous accusons de mensonge des enfants qui disent des choses qui paraissent absurdes, alors qu'en réalité ils disent les choses telles qu'ils se les représentent. Un enfant, par exemple, a renversé une lampe, ou il vient de casser un vase. On le gronde; on lui dit : c'est toi qui a fait cela. Il répond : non. On le punit pour avoir cassé; et la punition s'aggrave à cause du mensonge et du refus de l'aveu de la faute. Or, cet enfant n'est peut-être pas le menteur; il peut affirmer, sans mentir, que ce n'est pas lui qui a fait cela. En effet, cette formule : Est-ce toi qui as cassé ce vase? signifie pour lui : Est-ce toi qui l'as cassé « intentionnellement » et « directement »? S'il fait tomber la lampe par terre en touchant à la table, à l'autre bout de celui où la lampe était placée, ce n'est pas lui qui l'a cassée. Remarquez que l'enfant prête aux objets qui l'entourent une volonté plus ou moins capricieuse. Il sait très bien que la table contre laquelle il a passé tant de fois, et qu'il a touchée sans que rien n'arrive, peut fort bien, un beau jour, être animée d'un dessein malveillant : il l'a touchée vingt fois de la même manière sans faire tomber la lampe, et aujourd'hui la table a eu un caprice, elle a fait renverser la lampe; la lampe s'est brisée parce qu'elle l'a voulu, pour lui être désagréable, pour lui faire avoir des ennuis. Toutes ces idées se mêlent dans l'esprit de l'enfant. Nous ne savons pas au juste ce qu'est la représentation qu'il se fait des choses, et par conséquent le degré de sincérité ou de mensonge auquel nous avons affaire.

Un excès de sévérité, en ces cas-là, risquerait de faire commettre des injustices, qui seraient extrêmement graves au point de vue de l'avenir de l'enfant.

Ces trois sentiments, sympathie, affection, tendresse, respect de la vérité, sincérité, probité, et sentiment de l'injustice et de la justice, ont, au point de vue moral, une importance considérable.

Comment les développer? Cela exigerait une longue étude que je n'ai pas le temps d'esquisser. Je me bornerai à une indication de principe. Je crois que, sur ce point, il ne faut pas avoir une confiance exagérée en la prédication verbale. Je ne crois pas qu'il faille se dire : C'est plus tard, quand les enfants iront à l'école, qu'on pourra leur faire des discours sur la nécessité d'être bon, d'être sincère, de ne pas mentir, et d'être juste, et qu'on leur apprendra toutes ces vertus. Non. Ce ne sont pas des vertus, tout d'abord. Ce seront des vertus plus tard, quand ces sentiments auront été transformés par la volonté, mais il n'en sera ainsi que si, tout d'abord, on en a fait des dispositions profondes de la nature; et c'est en agissant directement sur la nature de l'enfant qu'on arrivera à asseoir les bases de ces vertus futures.

C'est ici que la mère est véritablement l'éducatrice nécessaire, unique, par le contact de tous les jours : c'est en aimant l'enfant, en étant avec lui pleine de tendresse et de bonté, c'est en évitant de prendre avec lui un air austère et sévère, c'est en ouvrant tout grand son cœur à ce petit cœur qui ne demande qu'à s'ouvrir, qu'elle peut espérer y voir germer les semences de bonté, de bienveillance et d'amour, qui plus tard en feront un être moral digne de respect et d'admiration. C'est par le milieu et par l'action, c'est en créant autour de lui une atmosphère de calme, de sincérité, de justice, de franchise, d'équité, qu'on lui fera prendre, je ne dis pas l'habitude, mais le besoin instinctif et profond de ne voir partout que de la justice, que de la vérité, de telle sorte que le mensonge et l'injustice non pas seulement le choquent en raison de conceptions philosophiques ou religieuses qui sont un revêtement d'emprunt, mais le fassent souffrir dans le fond de sa nature et l'intimité de son âme.

Quelqu'un a dit : L'expérience nous parle avec une voix de mère. Je vous demande de démarquer ce mot en disant : La conscience morale devrait nous parler toujours avec une voix de mère. Nous devrions prêter aux conseils qu'elle nous donne un ton, un son de voix que nous aimons. Il y a des gens chez lesquels elle apparaît sous forme d'un magister, d'un moraliste au ton rogue et bourru faisant son métier, et auquel on obéit en rechignant. Il faut que la morale parle à l'enfant avec cette caresse de la voix qui sait se faire douce et tendre sans rien perdre de son autorité. Il faut que la conscience de l'enfant lui parle avec la voix de sa mère.

P. MALAPERT,
Professeur agrégé de philosophie.

CONFÉRENCE FAITE A L'ÉCOLE DES MÈRES

L'ASSISTANCE-ÉDUCATIVE

PAR

Mme A. MOLL-WEISS

DIRECTRICE-FONDATRICE DE L'ÉCOLE DES MÈRES

L'ASSISTANCE-ÉDUCATIVE

MESDAMES,
MESSIEURS,

L'assistance éducative est celle qui cherche à prévenir la misère par une éducation adaptée aux nécessités pratiques de la vie, en quoi elle rentre dans ce qu'on a appelé la pré-assistance. C'est elle aussi qui, lorsque la misère existe déjà, parachève l'œuvre des secours matériels en donnant à ceux qu'elle assiste une éducation complémentaire vraiment *post-scolaire*, qui les rend capables de se relever complètement, de redevenir des hommes indépendants et libres.

Pour être appliquée avec fruit, elle exige de celui qui assiste un certain nombre de connaissances économiques et pratiques, afin qu'il puisse devenir le guide et l'instructeur écouté de ceux auxquels il s'adresse et qu'il leur impose naturellement son autorité.

L'assistance éducative est par conséquent celle qui élève à la fois l'assisté et l'assistant. Pour être digne de la pratiquer, il faut avoir appris à penser et à travailler : c'est une œuvre deux fois éducative.

*
* *

Les causes de la misère me semblent pouvoir se grouper en deux catégories :

1° Les causes profondes ;

2° Les causes aiguës ou superficielles.

Dans les causes profondes, je rangerai la misère physiologique et les maladies physiques, l'insuffisance intellectuelle, l'infériorité morale. Toutes ces causes sont dues plus ou moins à une éducation incomplète, ou mal comprise, ou mal appliquée.

Parmi les causes aiguës, je place le chômage, les accidents, la mort. Si les premières relèvent plutôt de l'assistance-éducative, les secondes relèvent plus particulièrement de l'assistance telle qu'on l'a comprise jusqu'à présent ; nous n'aurons donc pas à les envisager ici.

I.

Misère physiologique. — Maladies physiques. — Quels sont les remèdes de la misère physiologique? Quels sont les moyens qui feront qu'elle sera moins grande, que les maladies physiques qui en découlent seront moins nombreuses, que l'homme plus résistant sera moins misérable?

Il suffira, nous répondra-t-on, que l'habitation de l'être humain soit hygiénique, sa propreté parfaite, son alimentation adaptée à ses besoins.

Cela est fort bien, et nous rêvons, en effet, d'une société où tout homme aura une habitation confortable, une nourriture rationnelle et suffisante, mais entre notre rêve et sa réalisation se dresse un obstacle : l'ignorance.

Il ne suffit pas de placer un homme dans un appartement sain ; sain aujourd'hui, cet appartement sera malsain demain si celui qui l'occupe ne sait rien de la propreté domestique et de l'hygiène.

En même temps que nous choisirons, que nous créerons, que nous désirerons de toutes nos forces des habitations populaires, bien construites, il faut aussi que ceux auxquels nous les destinons aient des connaissances qui leur permettent de les conserver saines : c'est par l'*enseignement ménager* qu'on y pourra arriver.

Cet enseignement comprend l'hygiène, l'économie domestique, les soins aux enfants, des notions de cuisine, de couture[1], etc.,; partout il rendra les

1. Voir l'Introduction.

services les plus certains, ainsi que quelques exemples pourront vous en convaincre. Celui qui suit est relatif à l'alimentation.

Si je l'ai pris dans l'alimentation, c'est que plus un budget est inférieur, plus l'alimentation y tient une large place. Engel prétend qu'en Allemagne la proportion des dépenses relatives à l'alimentation par rapport au budget d'un ménage ouvrier est de 70 p. 100. En France, d'après les relevés que j'ai pu faire, il me semble que la proportion est moins élevée, qu'elle n'atteint guère que 50 à 60 p. 100. Il importe donc que cette alimentation soit intelligemment établie, et que tout en sachant faire des préparations simples et appétissantes, la ménagère possède des notions nettes et claires sur l'achat des denrées et leur conservation.

A certains moments de l'année, sur les côtes de Bretagne, le poisson arrive en bancs formidables. Quand les barques reviennent de la pêche, les filets craquent sous l'argent qui en déborde. Les harengs se vendent alors trois sous la douzaine. On fume les champs avec, et une grande quantité de ces poissons venus de la mer, y retournent sous forme de déchets inutilisés et perdus.

Les journées passent, les saisons se succèdent, l'ouragan frappe les côtes, les barques ne peuvent sortir, et, le soir, les enfants se couchent sans avoir mangé. Les mères font comme les enfants, mais elles souffrent doublement car à leur propre souffrance s'ajoute celle, combien plus vive, de voir souffrir des êtres chers.

Pourquoi tant de misère? — Non parce qu'il n'y a pas de ressources, mais parce que personne n'a appris à ces pauvres gens que ces harengs qu'ils jettent, dont ils font des débris innommables, pourraient devenir d'excellentes conserves, sans grands frais, sans grandes dépenses, et même (ce qui est important dans un ménage de travailleurs) sans grande perte de temps.

Je cite ce fait constaté sur les côtes de Bretagne, je puis en citer d'analogues relevés dans d'autres régions de la France.

Dans le Beaujolais, par exemple, il y a deux ans, lorsque la récolte des fruits était si abondante, on voyait des poires et des pommes jetées en tas au coin des chemins; on les donnait aux pourceaux, au bétail, on les gaspillait. L'hiver venu, on se couchait dans les pauvres maisonnettes n'ayant mangé qu'un morceau de pain! Il est si facile cependant de faire d'excellentes conserves de fruits! Sans doute, les confitures sont au-dessus des ressources du pauvre; aussi n'est-ce pas cette longue et coûteuse préparation qu'il faut leur indiquer; mais le soleil appartient à tout le monde,

il luit pour riches ou pauvres, surtout à la campagne, et c'est un préparateur excellent, qui sèche les
fruits et permet d'en faire des réserves abondan-
tes; ces fruits ainsi séchés et conservés, cuits avec
un peu d'eau et de sucre, constituent un repas
excellent pour les enfants et même pour les grandes personnes.

C'est ainsi qu'un enseignement ménager bien
compris, bien adapté aux besoins du public, peut
contribuer dans une large mesure à combattre la
misère et à faire de l'assistance-éducative.

Mais ce n'est pas tout; il faut que cet enseignement ménager se complète d'un enseignement relatif aux enfants, si nous voulons avoir une génération physiquement et moralement saine.

Qui ne sait qu'en France cent vingt mille enfants
meurent annuellement par suite de l'ignorance de
celles qui les ont mis au monde? Personne ne peut
y songer sans angoisse, et cependant ce ne sont pas
ceux qui meurent que je plains davantage, ce sont
ceux qui survivent misérables, ceux qui seront de
pauvres êtres incapables de se défendre toute leur
vie, incapables de défendre ceux qu'ils aiment, tout
cela pour avoir été élevés par des mères ignorantes!

Voilà la raison pour laquelle je demande que les
mères apprennent avant tout à connaître leurs
véritables devoirs.

Il est bien certain que le repos des mères avant les couches, les consultations médicales gratuites pour les femmes enceintes, les consultations pour les nourrissons, et tant d'autres œuvres admirables, ne produiront tout l'effet bienfaisant qu'on est en droit d'en attendre que lorsque les femmes en auront compris l'utilité. Que faut-il. pour cela ? Une éducation préalable.

Et cette éducation ménagère et hygiénique ne saurait se borner à la famille, il faut qu'elle s'étende à l'école et y trouve une application constante. Dans les milieux populaires, l'enfant passe la moitié de sa vie à l'école; qu'on lui fasse donc habiter des salles spacieuses offrant un libre accès à l'air et à la lumière, que le repas ne lui apporte pas seulement les aliments dont il a besoin, mais un véritable enseignement.

Un exemple me fera mieux comprendre.

Dans la plupart de nos écoles, les enfants apportent une petite bouteille de vin et d'eau ; beaucoup d'enfants boivent au goulot. Ils boivent ainsi la moitié du contenu de la bouteille à midi, et réservent l'autre moitié pour quatre heures. De midi à quatre heures, dans le réfectoire chauffé, le vin ensemencé de leur salive finit par faire un bouillon de culture redoutable qu'ils avaleront au goûter pour se rafraîchir.! La maîtresse doit réagir contre de semblables habitudes, plus nombreuses encore qu'on ne pourrait croire.

*
* *

Comment l'Ecole des mères a-t-elle entrepris la lutte contre la misère physiologique et les maladies physiques qui lui sont consécutives dans les classes pauvres?

L'Ecole des mères est une école d'éducation familiale; les jeunes filles et les jeunes femmes du monde y viennent pour y apprendre la direction de leur intérieur[1], pour acquérir les connaissances nécessaires à l'éducation de leurs enfants, en un mot pour devenir des femmes et des mères émérites. Il n'était pas possible que nous les encouragions égoïstement à ne rien ignorer de ce qui est nécessaire pour que leur famille soit prospère et leurs enfants bien portants, sans se préoccuper de faire profiter les autres d'un peu de leur savoir. Ce que nous avons appris, nous avons le devoir de l'enseigner à ceux qui l'ignorent, et c'est là l'une des plus nobles formes de la solidarité humaine. Aussi, au lieu de faire seulement l'étude des menus de la famille bourgeoise, établissons-nous aussi les menus de la cuisine ouvrière. A

1. Voir l'introduction.

côté de la recette chère, nous enseignons la recette
à bon marché ; à côté des préparations qui demandent du temps, celles qui se font rapidement
et sont ainsi à la portée des mères qui travaillent.
Nous sommes même en train de mettre à la disposition de tous les ouvriers un cuisinier qui ne
manque jamais ses plats, et les prépare toujours
pour l'heure dite : la marmite suédoise.

Bientôt, toute ouvrière qui en aura le désir
pourra trouver dans sa marmite suédoise un repas
bien préparé, qui n'aura pas brûlé puisqu'il aura
été cuit sans feu, qui sera assaisonné à son goût
puisque c'est elle-même qui l'aura assaisonné.
Et voilà comment, en leur apprenant à se suffire à
eux-mêmes, nous rendons les gens plus heureux
et plus libres.

Ce qui est vrai pour la section de l'alimentation
est vrai pour les autres sections ; ici l'on apprend
à raccommoder les dentelles d'Irlande et les dentelles Renaissance ; mais on y apprend aussi à faire
de simples reprises et à transformer en bas neufs
de vieux bas, car ce n'est pas la réparation des
vieilles dentelles que nos jeunes filles apprendront
aux femmes et aux fillettes du peuple, mais bien
ces modestes et utiles travaux.

Nous établissons les budgets des différents
milieux, depuis celui de la femme qui a 2 fr. 50 à

dépenser par jour, jusqu'à celui de la femme qui a 25 ou 40.000 francs de rente. C'est une excellente leçon sociale pour une jeune fille que celle qui lui montre ce que coûte la vie dans toutes les classes de la société, et comment d'humbles et vaillantes femmes arrivent à se suffire et à suffire à leur famille avec des sommes minimes; c'est une excellente leçon que de leur montrer la lutte constante contre le sou, le centime, l'ingéniosité qu'il faut déployer pour « joindre les deux bouts » et combien la persévérante volonté de femmes travailleuses les rend vraiment supérieures en beaucoup de points.

En un mot, notre enseignement n'est pas un enseignement ménager, un simple enseignement familial, c'est un *enseignement comparé*, et par conséquent un enseignement social.

Nos jeunes filles, nos jeunes femmes, boursières ou élèves payantes, font des conférences de puériculture, de cuisine, d'économie domestique, etc., dans les milieux populaires : à Belleville, à Plaisance, à Grenelle, à Levallois, à Troyes, dans l'Aube, etc.

Après les conférences, nous tâchons de fixer l'enseignement donné en distribuant de petits tracts parmi nos auditeurs; malheureusement nous n'arrivons que difficilement à les faire éditer; tel éditeur qui accepte un volume hésite à publier des tracts qui ne donnent qu'un bénéfice incertain. Il serait cependant utile, tant au point de vue de l'hygiène que de l'enseignement familial ou social, de faire quelque chose dans ce sens.

Quelquefois nous agissons par voie de pétition. Vous savez que M. Juillerat a relevé au Congrès de la tuberculose qu'il existe à Paris des maisons qu'il appelle « de véritables abattoirs », où tout locataire est une proie désignée à la tuberculose, et d'autre part, que chaque maison a sa fiche sanitaire. Est-il admissible que tous les efforts que nous faisons pour la défense physique du peuple soient réduits à néant par le logis assassin que l'on nous signale, et ne serait-il pas juste que chaque père de famille, avant d'entrer en possession d'un logement, ait le droit de se renseigner sur sa valeur sanitaire, du moment surtout où ces fiches sanitaires existent ?

Nous avons donc fait une pétition dans ce sens ; elle n'aura pas de résultat, c'est entendu, car nous ne sommes qu'une très faible minorité, mais si chaque unité faisait ce qu'elle doit faire, à quels résultats ne pourrait-on prétendre ! Ce que nous ne pouvons faire isolément, nous pouvons le faire en nous groupant ; c'est ainsi seulement que nous arriverons à remonter le grand courant des routines sociales et à agir selon notre conscience. Parfois nous appelons les ministères à notre aide, ce sont nos grands coups d'Etat ; c'est ainsi qu'il y a deux ans nous avons soumis au ministère de l'Intérieur et au ministère de l'Instruction publique un plan pour que les consultations de nourrissons puissent servir à l'enseignement des mères de famille, des institutrices et des jeunes filles ; grâce au bienveillant accueil qui nous a été fait, nous avons pu l'appliquer dans trois départements ; déjà quelques résultats intéressants se dessinent et une circulaire du Président du Conseil a tâché d'en généraliser la formule.

II.

Autre cause de misère : L'insuffisance intellectuelle. — Elle est due en général à l'ignorance et au manque d'éducation sociale, à cette inaptitude trop générale d'appliquer ce que l'on a appris à l'école aux choses de la vie ; le meilleur et le plus frappant exemple que j'en puisse donner est relatif au travail des femmes à l'atelier ou à l'usine. Il m'arrive souvent, quand je vais à Belleville, à Saint-Antoine, à neuf heures du soir, de rencontrer des femmes qui reviennent du travail ; elles ont quitté leur logis toute la journée et y rentrent si fatiguées qu'elles auront tout juste le courage de coucher leurs enfants et de se coucher elles-mêmes ; elles s'imaginent cependant avoir fait une bonne affaire, ce qui indique simplement qu'elles n'ont qu'une idée très vague et très fausse de la valeur de l'argent. Il faudrait se donner la peine de leur démontrer qu'en réalité elles ne gagnent presque rien — et cela est facile — et qu'en restant dans leur ménage, elles y auraient un bénéfice au moins égal. Cette démonstration devra se faire avec des chiffres, autant que possible dictés par elles, sans qu'il soit défendu pour cela de leur faire voir que dans ce cas les chiffres ne sont pas seulement des signes, mais l'expression de véritables sentiments : il y a, dans le peuple, des gros sous qui sont le prix d'âmes d'enfants !

Est-il possible que tout cela subsiste, que nous ne nous efforcions pas tous d'éclairer ces femmes et de leur faire connaître cette comptabilité si élémentaire et si utile, grâce à laquelle nous soustrairions l'enfant à l'école de la rue, à l'école de la veulerie intellectuelle et mentale qui est aussi l'école du vice et de la misère !

Un autre exemple m'est fourni par le monde même des travailleurs ; il démontre bien le manque d'éducation sociale que je déplore. Il y a quelques jours, un inspecteur d'assurances me racontait qu'il venait d'avoir de grandes difficultés avec un fraiseur qui, blessé à l'index, ne voulait pas se soigner pour obliger la compagnie à lui verser une rente mensuelle de 3o ou 4o francs. Cet homme ne savait pas évaluer son activité; de plus, il ne se rendait pas compte qu'il privait la société de son travail et d'un secours qui aurait pu profiter à un autre, qu'en agissant ainsi, les ouvriers arriveraient à lasser les compagnies d'assurances qui finiraient par ne plus accepter de contrat : d'où une nouvelle cause de misères. Combien cette éducation sociale bien comprise pourrait faire de bien, pourrait économiser de tristesses et de larmes! C'est par elle aussi que l'on arriverait à enrayer les ravages dus à l'alcoolisme et à la syphilis; c'est en faisant connaître au peuple le contre-coup de l'alcool sur sa descendance; c'est en lui rappelant, chose affreuse, que le verre d'absinthe bu par le père fera du fils un crétin, un vaurien, un malade; c'est en lui apprenant que ce n'est pas toujours au lendemain de sa naissance que le fils est frappé, mais souvent, hélas! dix ans, vingt ans après : c'est une belle fille qui ferait la joie du foyer, qui pourrait en être la parure, qui tout à coup est prise d'une neurasthénie profonde qui a son origine dans le vice du père; c'est un jeune homme qui semblait fort, vigoureux et sain, qui était l'espoir de tous

et qui frappé subitement de déchéance physique
et morale, grossit le triste troupeau de ceux dont
l'existence dépend, non plus de leur libre et vail-
lant effort, mais de l'assistance publique.

III.

*Troisième cause de la misère : l'infériorité mo-
rale.* — On peut se demander qu'est-ce que la
morale peut faire au point de vue de la misère.
Il suffit d'y réfléchir pour s'en rendre compte.
L'homme qui manque de base morale manque de
ce qui est le reconstituant, le stimulant à nul autre
pareil : l'amour du travail.

L'amour du travail est une plante qui ne pousse
que sur les terrains moralement sains; chez ceux
qui vivent moralement paralysés, on trouve presque
toujours le dégoût de l'effort persévérant qu'exige
le travail et qui en fait la noblesse. Pour que
l'homme puisse se développer moralement, il lui
faudrait une sérieuse éducation familiale, hélas!
elle manque de plus en plus pour toutes sortes de
raisons économiques et sociales.

Quels sont les remèdes à cet état de choses?
C'est l'école maternelle, c'est l'école de garde, c'est
une scolarité prolongée jusqu'à l'âge de quatorze

ans comblant le vide — j'allais dire le précipice — des deux années qui séparent la sortie de l'école de la rentrée en apprentissage, c'est l'enseignement post-scolaire obligatoire.

Non l'école maternelle telle qu'elle est aujourd'hui, mais telle qu'elle devrait être pour répondre aux besoins de l'enfant. Il y a quelques jours, une inspectrice générale d'écoles maternelles nous disait avoir demandé au ministère une femme de ménage pour 50 enfants; jusqu'à présent, il y en a une par 100, 150, et même 200 enfants! Dans ces conditions, l'enfant n'est plus un être, mais une unité réduite à l'immobilité; comment arriver à développer doucement son cœur et son intelligence? Ce qu'il faudrait avant tout pour assurer à cette petite enfance une meilleure éducation morale et physique, c'est un plus grand nombre de maîtresses.

Puis vient l'école primaire. On s'y donne tout le mal que l'on peut. Quatre heures sonnent; où iront les enfants? Le père est à l'atelier, la mère y est aussi. Il est vrai qu'il y a la classe de garde. — La classe de garde! Les enfants y rentrent alors que la poussière du balayage n'est pas encore tombée, que l'air n'a été qu'insuffisamment renouvelé, car vingt minutes à peine doivent sufire à la salle pour s'aérer. Le maître, fatigué, y surveille des enfants qui font des devoirs qui ne sont destinés qu'à remplir les heures qu'il y faut passer. Tout un ensemble antihygiénique, antisocial, antipédagogique. Ce qu'il faudrait, c'est une autre salle, autrement disposée, une salle rappelant la chambre familiale, avec sa table autour de laquelle on s'asseoit, autour de laquelle on peut causer, sans que personne vous dise : « Silence », autour de laquelle on découpe des images. Il faudrait avoir le droit d'être *des enfants* au moins pendant deux ou trois heures le soir. Il faudrait un jardin où l'on puisse voir des fleurs, où l'on puisse s'aérer, physiquement, intellectuellement et moralement. La vue d'une fleur, pour qui la comprend, peut donner une leçon efficace; un rayon de soleil est non seulement un agent de purification matérielle, mais aussi un purificateur moral.

Il me semble que certaines actions basses et viles ont besoin pour s'accomplir des ombres de la nuit, et qu'elles ne sauraient se commettre sous un soleil resplendissant. Il faut mettre l'enfant en face de la nature, et lui permettre d'être naturel! Quelques organisations ont tenté de réaliser ce rêve et y sont parvenues; il faudrait les soutenir, les encourager, multiplier les écoles de garde comme on les a multipliées en Suède, sous la généreuse impulsion de Mme Hierta Retzius.

Il faudrait aussi que l'enseignement post-scolaire devînt obligatoire, c'est-à-dire qu'au lieu d'être pris sur la vie de l'enfant, sur son sommeil, il soit pris sur la vie du jeune ouvrier, sur le temps de l'atelier.

Quand le soir, dans les Universités populaires, je vois des jeunes gens fermant leurs yeux de lassitude, je me demande souvent si l'action que nous accomplissons en venant les instruire est vraiment bonne et si un sommeil réparateur ne leur serait pas plus nécessaire. Est-il compréhensible que chez nous, en France, il en soit ainsi, alors que dans des pays voisins, qui passent pour moins libéraux, l'enseignement post-scolaire est obligatoire et se fait le jour?

Hélas! pour réaliser tous ces vœux, que manque-t-il? Du personnel, ou pour mieux dire, de l'argent.

C'est à cause de ce manque d'argent et de personnel que nos enfants, que tous nos enfants du peuple, après avoir été traités inférieurement dans leur famille au point de vue physique, sont inférieurement traités dans les écoles au point de vue intellectuel et moral; c'est à cause de ce manque d'argent que dès leurs premières années ils plient sous le fardeau de leur destinée malheureuse, pâlis dans des milieux sans air respirable, anémiés physiquement et moralement, admirables terrains de culture que nous paraissons préparer avec un soin jaloux à la maladie, à la misère et au crime!

Il existe cependant un remède à cette chose lamentable; ce remède il appartient à nos filles, à nos filles aux cœurs jeunes et vibrants, de l'appliquer, sans obérer le budget en faisant de leurs sourires, de leur grâce, de leur force inemployée, de la joie pour les enfants pauvres!

Quand on leur montre le but à atteindre et la route qui y mène, leurs yeux brillent, elles frémissent tout entières et viennent à vous d'un juvénile élan. Hélas, la plupart d'entre elles voient ce grand, ce noble enthousiasme s'éteindre dans les cinq à sept élégants ou encore chez les grands tailleurs, Doucet, Paquin et autres.

Et l'on est frappé de voir les beaux sentiments moraux de notre jeunesse féminine privilégiée s'étioler comme ceux de l'autre jeunesse moins heureuse, faute d'un aliment qui lui convienne et dont elle a le plus grand besoin.

Et cependant, il est certain que si les jeunes filles ne peuvent aller dans les maisons ouvrières où elles pourraient s'exposer à entendre des mots déplacés ou malsonnants, leur place est tout indiquée là où règne l'enfant : écoles maternelles, écoles de garde, etc.

C'est là qu'elles devraient, vraies fleurs vivantes, apporter un peu de douceur et de tendresse, biens inestimables dont l'enfant ne peut se passer, qui lui sont aussi nécessaires que le pain, que le sommeil, et que l'industrie lui a pris en lui prenant sa mère.

Pendant longtemps les femmes de la bourgeoisie ont trouvé des « remplaçantes » parmi les femmes du peuple; qu'aujourd'hui nos filles soient les remplaçantes des pauvres ouvrières que le travail enlève à leurs enfants.

Il faut une préparation à cette mission : c'est celle que nous tâchons de leur donner à l'Ecole des Mères en faisant à nos élèves des cours de puériculture, des cours de psychologie de l'enfant; en leur apprenant à faire travailler l'enfant : découpage du bois, planisculpture, fleurs artificielles, broderie industrielle, dentelles, cuisine ouvrière, blanchissage, repassage, etc., rentrent dans l'apprentissage de nos *monitrices sociales*. Puis, jeunes femmes et jeunes filles vont dans les écoles de garde de Levallois, de Grenelle, etc., apprendre aux fillettes à faire la cuisine, à blanchir le linge, à raccommoder, etc., en même temps qu'elles développent l'habileté manuelle et le goût de leurs jeunes pupilles masculins.

Si les jeunes filles de la bourgeoisie voulaient

résolument contribuer ainsi à l'éducation de l'enfant du peuple, leur volontaire servage pourrait avoir un magnifique résultat en assurant *quatorze années de bonheur à tous les enfants du peuple.* Quatorze années de bonheur obtenues sans bombes, sans effusion de sang, sans moyens violents, rien que par une action intelligente et persévérante !

De simples femmes, de gracieuses jeunes filles, allant à l'enfance abandonnée pour lui faire un corps robuste et une âme élevée !

Ce serait pour toutes les femmes l'œuvre la plus belle, la plus magnifique ; d'un seul coup, elles dépasseraient ce que l'éloquence des plus grands orateurs socialistes n'a jamais produit encore : elles donneraient du bonheur à l'enfance et par elle à l'adulte, car ces enfants robustes et moraux ne sauraient devenir les hommes et les femmes qui plus tard devront recourir à l'assistance. C'est la pré-assistance dans tout ce qu'elle a de plus pur et plus noble.

** **

Cependant, si la généralité de ces jeunes êtres pourrait ainsi être soustraite à la misère, elle ne saurait l'être au malheur ; il frappe en aveugle et sous ses coups les plus robustes fléchissent : là encore m'apparaît nettement le rôle de la monitrice sociale ; visiteuse ou inspectrice, elle ne se contentera pas du secours matériel, elle cherchera à relever celui qui est tombé, à lui donner un nouvel espoir !

Peut-être est-ce le chômage qui est venu frapper l'ouvrier ; n'avoir pas d'ouvrage, c'est une chose terrible, mais ce qui est plus terrible encore, c'est, après un certain temps, si le chômage se prolonge, de perdre l'habitude du travail, de glisser doucement sur une pente qui, lorsque le travail reviendra, ne sera plus remontée...

Eh bien, la visiteuse, le visiteur trouveront une occupation provisoire à ce malheureux dans son pauvre « home », si misérable soit-il ; ils lui enseigneront à couvrir de couleur les boiseries, à lessiver les planchers et lui en fourniront les moyens ; en un mot, ils s'ingénieront à utiliser sa force et *il ne perdra pas cette habitude sacrée du travail qui lui vaut une vie indépendante.*

C'est pour cela que le rôle des visiteurs, qu'ils soient libres ou qu'ils viennent de l'Assistance publique ou privée, est un rôle singulièrement élevé.

M. Mesureur est tellement de cet avis qu'il a bien voulu inviter les visiteurs de l'Assistance publique à assister à nos réunions d'éducation sociale et à en tirer le parti qu'ils pourraient pour que leur action devienne de plus en plus éducative ; en même temps, ils nous ont fait part des fruits de leur expérience.

A Elberfeld, l'assistance, si admirablement organisée cependant, donnerait encore de meilleurs résultats, si les visiteurs se formaient grâce à une éducation préalable. On doit toujours se préparer aux fonctions que l'on exerce, et il n'en est pas d'aussi délicates à remplir que celles dont nous parlons en ce moment.

Les tribunaux pour enfants, si à la mode actuellement, laissent l'enfant coupable en liberté sous surveillance. On a nommé des surveillants pour suivre ces enfants; ils auront à remplir un rôle assez analogue à celui des visiteurs. Il ne devra pas, en effet, se borner seulement à être moralisateur vis-à-vis de l'enfant, mais aussi vis-à-vis de toute la famille, à laquelle le plus souvent le pauvre petit être doit sa déchéance; aussi, nous sommes-nous proposé de préparer aussi des surveillantes judiciaires. Ce sera une forme nouvelle de l'activité féminine et l'une de celles qui peuvent donner les résultats des plus merveilleux, ainsi que les expériences faites en Amérique et même à Paris semblent le démontrer.

L'action de l'assistance éducative peut donc être immense, à condition qu'elle soit organisée méthodiquement, qu'elle dispose de ressources intellectuelles, morales et pécuniaires suffisantes, qu'elle soit soutenue par l'Assistance publique d'une manière bien réelle et bien efficace. Elle a droit à cet appui, car, bien appliquée, bien dirigée et bien organisée, elle diminuera largement les charges de l'assistance tout en élevant le niveau intellectuel et moral de la classe des travailleurs.

Augusta MOLL-WEISS.

CONFÉRENCE FAITE A L'ÉCOLE DES MÈRES

L'ÉDUCATION MÉNAGÈRE ET FAMILIALE

DOIT-ELLE ÊTRE RÉSERVÉE AU SEXE FÉMININ?

PAR

Mme A. MOLL-WEISS

DIRECTRICE DE L'ÉCOLE

L'ÉDUCATION MÉNAGÈRE ET FAMILIALE

DOIT-ELLE ÊTRE RÉSERVÉE AU SEXE FÉMININ ?

———

Tous les sociologues, tous les pédagogues préoccupés d'éducation populaire, tous les économistes rêvant le bonheur matériel des classes ouvrières, tous les moralistes qui croient pour ce bonheur à l'importance de l'élévation morale des caractères, connaissent aujourd'hui la question de l'enseignement ménager et lui attribuent une importance considérable. Il faut que la femme sache diriger son intérieur, organiser la dépense, élever l'enfant et en faire un homme, une femme. J'ai pensé qu'il serait intéressant de voir si cette éducation ménagère, ou pour mieux dire familiale, devait se borner à la femme, sans effleurer plus ou moins l'homme, le père de demain.

Lorsqu'il m'est arrivé de poser cette question dans un groupe familier, voire même dans une réunion plus nombreuse, l'opinion banale, qui semblait tomber sous les sens des plus bornés, était celle-ci : certes il ne saurait être mauvais que le père, lorsque sa femme est malade, sache comment la remplacer, afin que le ménage n'aille pas à l'abandon. Argument qui ne me semble pas avoir une valeur bien considérable, la maladie doit en effet être considérée comme un cas d'exception et il serait peu logique d'aiguiller toute une éducation en vue d'un accident[1].

Mais si l'explication banale en faveur de l'initiation de l'homme au travail ménager semble d'une importance médiocre, il n'en est pas de même d'une constatation extrêmement simple et vraie : l'homme initié à ce travail a une compréhension plus nette et de la peine qu'il donne et

---

1. Mᵐᵉ Heyl a créé à Berlin, pour parer à ces éventualités, une œuvre qui semble offrir une solution infiniment préférable, étant donné surtout que la maladie de la femme ne dispense pas le mari de son travail professionnel. Elle a formé toute une escouade de gardes-malades-ménagères, recrutées parmi d'anciennes femmes de journées, cuisinières, femmes de chambre, etc. Elle les envoie sur demande dans les milieux ouvriers où la mère de famille, terrassée par la maladie, ne peut plus remplir sa tâche. Selon la fortune de celui qui les emploie, ces services sont rétribués ou gratuits. « Presque toujours, dit Mᵐᵉ Heyl, ces braves gens tiennent à honneur de rembourser leur dette, sinon d'un coup, du moins par petits acomptes. »

de l'importance qu'il a. Un mari qui sait comment on nettoie, par exemple, salit moins[1], et d'autre part, conséquence d'une importance plus grande encore, il se rend compte de la valeur du travail que la femme fournit dans l'intérieur et ne la pousse pas de propos délibéré vers l'atelier ou l'usine, qui est, plus fréquemment qu'on ne pourrait le croire, la cause de la perte de la femme, de l'ivrognerie du mari, de l'immoralité ou plus exactement de l'*amoralité* des enfants.

Trop souvent la déchéance de toute la *famille* est due à l'ignorance de l'ouvrier, qui ne se rend compte que d'une seule valeur : l'*argent*, et qui, pour en encaisser davantage, lui sacrifie tout, son bonheur lui-même[2]. Il retire de son foyer celle qui en est l'âme, et l'offre en holocauste à la machine, qui a bientôt fait de détruire intelligence et volonté, de réduire à une activité machinale sem-

1. On raconte que certains ouvriers, en mangeant poissons ou pommes de terre, jettent les épluchures sous la table au fur et à mesure, pour en débarrasser leur assiette.

2. Voici à ce sujet ce que raconte M. Jolly : un pauvre ouvrier belge ne pouvait arriver à faire vivre les siens ; un camarade lui conseilla de laisser sa femme au logis : l'aisance y est rentrée avec elle.

J'ai moi-même, en plus d'une circonstance, démontré par une simple addition que la femme qui pour travailler au dehors abandonne le foyer, ne fait le plus souvent qu'un gain illusoire.

blable à la sienne celle dont la claire vision, la nette intelligence, le cœur sensible pouvait ambitionner d'autres destinées, pouvait ambitionner la destinée la plus haute, la plus noble de toutes, celle de faire à l'homme de demain, à la femme de l'avenir, un esprit délié, un cœur loyal !

> ... *Elles* font de l'aube au soir,
> Dans la même prison, le même mouvement.

Elles le font, et, horreur inimaginable, elles arrivent à le préférer à l'activité libre et raisonnée. Le philanthrope qui proposerait à ces femmes, à ces épouses, à ces mères, de quitter l'atelier au travail monotone pour la claire maisonnette que leur activité rendrait riante et agréable, serait certain d'un refus ! Trop fatigantes semblent à ces « machinales » les multiples occupations du ménage, elles aiment mieux s'y soustraire : l'enfant à la crèche ou à la maternelle, le mari au cabaret, elles à l'usine. Là, veules, et chaque jour plus incapables de penser, elles vendent pour un peu d'or l'âme même du grand peuple des travailleurs qu'elles avaient mission de garder, de fortifier, de diriger vers des destinées meilleures.

Qui donc a montré le chemin de l'atelier aux femmes ? C'était, nous pouvons l'affirmer, le plus machiavélique des ennemis du peuple; il le frappait à la fois dans le corps de ses enfants qui désormais naissent débiles et malingres, dans leur intelligence qui s'obscurcit, dans leur âme qui s'annihile. Arracher cette proie à l'industrie, la rendre au foyer désert, c'est du même coup élever la valeur physique, intellectuelle et morale de tous ceux qui travaillent pour le pain journalier. On n'y réussira que le jour où l'homme, tout aussi bien que la femme, saura, en francs et en centimes, évaluer l'activité ménagère; on ne le pourra que lorsque, dans toutes les classes de la société, l'homme possédera ces connaissances.

Alors seulement les patrons comprendront ceux qui leur demandent pour la mère un repos de quelques semaines avant la naissance de ses enfants, un repos égal après cette naissance; alors seulement ils s'efforceront de doubler les équipes de femmes de façon à n'occuper chacune d'elles que la moitié du temps de travail actuel, l'autre demi-journée leur appartenant pour l'entretien de leur ménage [1].

---

[1]. Un riche industriel, M. Brandt, de München-Gladbach, n'accueille dans ses usines que les jeunes filles ou les veuves; le jour où elles se marient, il ne les emploie plus, elles appartiennent de droit à leur foyer. Le demi-temps de travail paraît préférable à cette mesure radicale, parce qu'il conserve une valeur professionnelle à la femme et lui permet, si son appui

*
* *

Voici qui plaide bien en faveur d'un enseignement de généralités destinées à ouvrir l'entendement masculin à ces questions, à modifier les idées erronées ou routinières qui peuvent le diriger ; mais il y a loin de là à un véritable enseignement ménager avec la multiplicité de ses détails, de ses connaissances.

Etudions la question de plus près.

L'enseignement ménager, ou plus exactement l'enseignement familial, comprend l'étude de l'hygiène, des soins élémentaires aux malades, de l'économie domestique, de la cuisine, du blanchissage du linge, de la couture et du raccommodage, enfin de l'éducation de l'enfant.

Il est utile pour tout être humain de connaître l'hygiène, d'autant plus que, dans l'enseignement primaire surtout, l'hygiène se réduit presque essentiellement à l'observation des règles de la propreté : propreté de l'air ambiant, de l'habitation, du vêtement, etc. Combien ces notions sont néces-

naturel vient à lui manquer, de gagner sa vie et de ne pas tomber à la charge de la société ; cette demi-journée de travail la préserve aussi des bavardages et des cancanages de quartier.

saires à tous ! Savoir par exemple que se laver la figure et les mains avant le repas éloigne en grande partie tout danger de contagion en temps d'épidémie ; ne pas ignorer les inconvénients des parquets à larges fissures, asiles de nombreux germes pathogènes, etc., autant de notions que l'homme acceptera difficilement de la femme, mais qu'il sera heureux de lui enseigner si elle les ignore, heureux de les appliquer avec elle dans leur intérieur pour en bannir les causes de maladie. La connaissance des soins exigés par les malades n'est inutile à personne : en Suède et en Norvège tous les marins de la flotte doivent, avant de s'embarquer, passer un facile examen d'infirmier et, dans mainte circonstance, les notions acquises ainsi leur rendent des services inestimables.

Quant à l'économie domestique, son chapitre le plus important, le centre autour duquel tout se meut, c'est le chapitre du budget. Est-il établissement plus difficile que celui d'un budget de famille ? Toute erreur, toute évaluation inexacte entraîne à sa suite des difficultés sans nombre. Aussi est-il bon que la femme et le mari l'établissent d'un commun accord. Mais comment le mari pourra-t-il contrôler, modifier, simplifier ou élargir le chiffre des dépenses proposées par la femme s'il ignore tout des besoins d'un ménage ? Ou bien il sera dans l'obligation de se soumettre à tous ses désirs, sans pouvoir l'aider, l'éclairer d'un conseil judicieux, ou bien il réduira arbitrairement les subsides demandés, ce qui ne laisse pas, dans certains milieux, que de causer des difficultés inouïes aux maîtresses de maison. L'union de deux intelligences prévenues est une des raisons mêmes du mariage; supprimer l'une d'elles de propos délibéré dans la solution de l'un des problèmes les plus compliqués qui surgissent dans la vie des époux, c'est véritablement aller à l'encontre du but même que l'on se propose, c'est supprimer du ménage une raison puissante d'entente; car plus d'équité vient toujours de plus de savoir.

L'une des branches les plus intéressantes de l'enseignement ménager est la *préparation des aliments*, la *cuisine*. Les auteurs les plus autorisés abandonnent le sceptre de l'alimentation à la femme, ils la déclarent toute-puissante pour la modifier selon les règles qui résultent des dernières recherches scientifiques : « Allez, Mesdames, s'écrie le Dr Pascault, faites de la cuisine simple qui ne stimule pas mal à propos l'appétit, et la sobriété viendra de soi-même. Appliquez-vous dans vos menus à substituer progressivement aux aliments de dépense qui surexcitent inutilement, les aliments de résistance qui font l'homme fort et

sain. » Encore faudra-t-il que l'homme le veuille
bien [1] !

« Des aliments simples qui ne stimulent pas l'appétit! » Mais nous courrons grand risque de les
entendre qualifiés de fades, et de voir l'homme que
nous voulions faire « fort et sain » déserter la table de famille pour le restaurant, si nous nous obs-
tinons dans nos réformes sans qu'il en comprenne
la raison. Sans doute, il semblera tout d'abord
suffisant, pour en arriver là, que l'homme soit au
courant des principales règles de l'hygiène alimentaire, ce qui n'exige que quelques leçons théoriques ; cela serait exact si les hommes n'étaient parfois obligés de se suffire à eux-mêmes. A la
caserne, par exemple, l'alimentation dépend du
soldat : habile cuisinier, il saura, avec la ration
suffisante qui lui est allouée, préparer une nourriture saine et agréable; inhabile au contraire, il
vivra misérablement sans manger jamais à sa
faim. On a essayé de faire des cours de cuisine
aux soldats : ils n'ont jusqu'ici donné que des résultats négligeables. Ce n'est pas à la caserne, c'est
avant d'y entrer que le jeune homme devrait con-

---

1. Voici le menu d'un déjeuner que nous avons relevé dans
une école ménagère de création récente dirigée par un homme :
Thon à l'huile (conserve) avec mayonnaise; hoche-pot (mouton avec quelques rares haricots), mousse au chocolat.

naître la préparation de quelques mets très simples.

L'homme a d'ailleurs, en général, le goût des manipulations culinaires ; dans les milieux populaires, nous avons pu nous en rendre compte très souvent et très nettement ; les jeunes garçons y réussissent aussi bien que les jeunes filles, et plus d'une mère qui rentre tard de son travail et n'a qu'un fils, nous demande de le faire participer aux cours des fillettes afin qu'il puisse, à l'avenir, préparer le repas du soir en l'attendant.

Ceux-là mêmes qui s'élèvent contre l'enseignement simple et pratique que nous proposons ignorent, ou oublient, que dans certaines régions industrielles de France, où les hommes sortent de l'atelier avant les femmes, à Roanne par exemple, ce sont eux qui se chargent de faire la cuisine ; de même aussi que dans certains villages du centre de la France les pères de familles nombreuses pétrissent le pain de la maisonnée qui, fabriqué au logis, leur permet de réaliser une importante économie.

En général d'ailleurs, et surtout dans le peuple, la division du travail de l'intérieur n'est pas aussi nette, aussi absolue qu'on veut bien le dire. L'*entr'aide* familiale règne plus qu'on ne le pense aux modestes foyers ; il faut souhaiter qu'elle y règne chaque jour davantage et travailler de toutes nos forces à l'étendre et à le consolider : c'est par contre-coup consolider la famille elle-même.

Je pourrais, à propos de couture et de raccommodage, dire que tous les hommes simplement amoureux de l'ordre voudraient savoir coudre et raccommoder, et personne ne me démentirait, mais leurs doigts inexpérimentés sont inhabiles à tenir l'aiguille. Pourquoi ne pas nous appliquer à diriger leurs efforts? Beaucoup d'ouvriers, surtout dans les grandes villes, ont besoin d'une grande habileté manuelle; savoir coudre ne pourrait que développer leur adresse et leur goût.

Faut-il étendre ces connaissances aux classes plus fortunées? Il fut un temps où il était de bon ton pour les hommes de faire de la tapisserie, c'était l'époque où nos grand'mères travaillaient à l'aiguille et à la navette. Aujourd'hui les loisirs sont remplis par le bridge! J'aurais quelques préférences pour les divertissements de jadis, qui, tout en occupant les doigts actifs, permettaient à l'esprit alerte de suivre une conversation. Mais je ne vois après tout aucun inconvénient à ce que l'entretien du vêtement et du linge reste l'attribution exclusive de la ménagère.

*
* *

Il n'en est pas ainsi pour ce qui concerne l'éducation de l'enfant. L'homme doit savoir quelle action indéniable sa vie physique et morale a sur l'avenir des êtres qui sortiront de lui. Dans une lettre adressée au *Siècle*, un distillateur, en parlant des personnes qui boivent de l'alcool et qui en boivent sans mesure, écrivait : « C'est leur droit! » Il se trompait gravement. Avant de s'appartenir à lui-même, l'homme se doit à sa descendance; les droits de l'enfant sont imprescriptibles et datent d'avant la naissance. Ivrognes ou coureurs pourraient sans doute détruire leur corps et leur âme, mais ils dépassent leurs droits lorsqu'ils condamnent leur descendance à la misère physiologique, à la déchéance intellectuelle et morale.

Après la naissance, voici la jeune femme qui règle les tétées selon les données récentes de la puériculture; le jeune époux, qui ignore tout du nouveau-né, n'est que trop disposé à lui demander de calmer chaque cri par une tétée supplémentaire, quitte à doubler d'un mal véritable un ennui passager. Il ne sait ni comment se développe ce corps fragile, ni comment se forme cette intelligence rudimentaire. Dites-lui que l'enfant ne voit pas en naissant, qu'il n'a qu'une sensation de clarté et d'ombre, vous l'étonnerez puissamment; apprenez-lui que petit à petit les formes et les couleurs se dessinent sur la rétine, mais sans que l'enfant ait ni la notion des distances ni celle des volumes, il ne vous croira pas; faites-lui lire quelques pages de *l'Intelligence* de Taine, il restera émerveillé, charmé, conquis au désir d'en savoir davantage.

Pour l'éducation morale tout' aussi bien que pour l'éducation intellectuelle, les erreurs, les fautes graves qu'il commet relèvent de son ignorance. Personne ne lui a appris comment on forme un caractère, il s'en rapporte à des données vagues, souvent contradictoires, pour modeler l'âme de ses enfants. Autrefois il punissait, tempêtait, corrigeait l'enfant qui avait mal fait parce *qu'il n'avait pas voulu bien faire;* aujourd'hui, les théories darwiniennes s'étant peu à peu répandues dans le public, il excuse le gamin paresseux ou criard et fait remonter à des ascendants quelconques les causes de sa nervosité insupportable. Ne serait-il pas plus sage et plus prudent de lui apprendre que si l'enfant naît avec certaines hérédités mauvaises, une éducation bien comprise peut en avoir raison? Ne serait-il pas plus logique de lui apprendre en quoi consiste cette éducation?

Oui certes, il faut instruire les femmes de leurs devoirs d'épouses et de mères, mais l'homme étant leur collaborateur immédiat, étant même le collaborateur dont la voix, de par nos lois, est prépondérante vis-à-vis de l'enfant tout comme dans la vie sociale extérieure ou intérieure, il importe au premier chef qu'il ne reste pas ignorant de ces questions, si nous voulons que nos efforts auprès de la jeune fille, auprès de l'enfant, donnent tout ce qu'ils doivent donner. Pour diriger l'enfant, pour l'élever dans toute l'acception du terme, il faut avant tout que ses éducateurs se comprennent et s'entendent, c'est-à-dire qu'ils aient sur son éducation tant physique que psychologique des notions analogues.

* *
*

Où et quand se fera cet enseignement à la fois pratique et théorique du jeune homme?

Il nous semble qu'il convient tout à fait à l'enseignement post-scolaire. Toutes les observations, toutes les expériences qu'il m'a été donné de faire dans ce sens m'en ont donné la ferme certitude. Il ne faut pas s'imaginer d'ailleurs qu'il se ferait là, et là seulement. Le régiment peut le continuer, et déjà dans certaines casernes on a organisé régulièrement des conférences d'hygiène; enfin l'école elle-même, en renouant des relations avec les parents de ses élèves, ses élèves d'autrefois, le complétera. On l'a essayé, en instituant en Allemagne, dans certains grands établissements pédagogiques,

le Pestalozzi-Fræbel-Haus de Berlin par exemple,
des *Elternabende*, réunions du soir pour les parents d'élèves, et on y a pleinement réussi. D'abord
les mères venaient seules, timidement; elles ne
tardèrent pas à s'intéresser aux causeries très simples qu'on leur faisait sur la formation du caractère de l'enfant, son développement intellectuel ou
moral. Quand elles virent qu'on autorisait les questions et qu'on y répondait, elles s'enthousiasmèrent
tout à fait et vantèrent si bien ces « soirées » aux
pères, que ceux-ci finirent par les y accompagner.

En France, quelques essais analogues ont été
tentés. Je ne trouve rien de plus touchant que ces
réunions de braves ouvriers qui, une fois leur rude
journée terminée, viennent apprendre à travailler
un champ extraordinairement délicat, le cœur,
l'âme de leurs enfants! La classe laborieuse finirait
par dépasser la classe bourgeoise, si celle-ci ne
s'organisait à son tour, de façon à s'initier aux difficultés que soulève le problème de l'éducation. Il
serait en effet injuste de s'imaginer que l'ignorance
des pères relativement à ces questions s'arrête au
peuple; on est effrayé vraiment lorsque, dans les
milieux les plus élevés, on se rend compte et de cette
ignorance et de l'indifférence qui la double. Quelques professeurs distingués s'efforcent actuellement d'intéresser les parents de lycéens à leurs

enfants [1]; chose qui paraît paradoxale, pour ne pas dire impossible : ils n'y parviennent pas comme ils le désireraient : tel père, et parmi ceux qui se disent des plus tendres, ne connaît pas ses propres enfants.

La cause n'en est pas seulement à l'entraînement de la vie moderne, la cause en est à ce que le père, dès le jour de la naissance, s'est trouvé en face d'un inconnu, dont il ne savait rien et qui par conséquent ne pouvait, dans les phases délicates de son évolution, que l'intéresser médiocrement. Je ne conteste ici ni l'amour profond du père pour son fils ni son dévouement sans limites; ce sont là de nobles traditions que notre bourgeoisie tient en honneur et auxquelles elle souscrit de confiance; mais ce qui manque à ces pères modernes, c'est de s'être informé par leur propres observations de la nature de leur enfant, puis de s'être tracé à son égard une ligne de conduite réfléchie.

Ce petit apprentissage paternel pourrait bien devenir l'école où nos jeunes gens n'apprendraient pas seulement à diriger leurs fils, mais à diriger les hommes, ces grands enfants.

Mme MOLL-WEISS,
Directrice de l'École des Mères.

1. Les uns ont créé une revue : *Le Foyer à l'École*, les autres ont fondé la *Bibliothèque des Parents et des Maîtres*.

CONFÉRENCE FAITE A L'ÉCOLE DES MÈRES

CE QU'UNE FEMME DOIT SAVOIR

PAR

M. Frédéric PASSY

MEMBRE DE L'INSTITUT

CE QU'UNE FEMME DOIT SAVOIR

Quelle femme ? Citadine ou villageoise ? riche ou pauvre ? ouvrière ou bourgeoise ? Ce qui convient à l'une ne convient pas à l'autre, et, s'il y a des connaissances dont aucune, quelle que soit sa condition, ne devrait être privée, il y en a qui, utiles ici, indispensables ailleurs, ne seraient, ailleurs encore, d'aucune utilité, pourraient même, en prenant la place d'autres connaissances, être indirectement nuisibles.

Je supposerai, étant donné le milieu dans lequel je suis appelé à parler, que c'est pour des femmes de condition moyenne, ou, si mieux on l'aime, de condition au moins moyenne, que l'on m'a fait l'honneur de me demander des indications tirées de ce que l'on veut bien appeler ma longue expérience. Et là même, dans ce milieu où nous devons supposer plus de loisirs et plus d'aptitudes à une éducation plus complète, combien de différences encore, et avec quel soin ne faudrait-il pas tenir compte des diversités de fortune, de goût et de famille !

Je ne pourrai évidemment donner que des indications générales, et ce sera à chacune, en se reportant à sa situation particulière, de retenir ce qui lui convient et d'écarter ce qui ne lui convient pas.

Que doit savoir une femme à laquelle semble permise l'ambition de se donner une éducation sérieuse et aussi complète que possible ?

Tout, allez-vous me répondre, car tout est intéressant pour un esprit curieux, et tout, un jour ou un autre, peut être utile.

Assurément, et c'est pourquoi, lorsque, même malgré vous ou contrairement à ce que vous croyez vos aptitudes, vous êtes dans l'obligation de faire un travail, au lieu de le faire avec dégoût et comme une tâche ingrate, il le faut faire le mieux possible ; d'abord parce que c'est toujours un bon exercice de faire avec soin et conscience ce qu'on fait, et ensuite parce que l'on ne sait jamais si, un jour ou un autre, on ne se trouvera pas à l'improviste avoir besoin de telle connaissance, de telle habileté, dont on ne se serait jamais figuré avoir affaire.

On ne peut pourtant, à cause de cette éventualité

imprévue, ou à cause de l'intérêt que présente, en réalité, toute étude, prétendre tout embrasser et dire, comme le fait dire La Fontaine :

> J'étudierai l'hébreu, les sciences, l'histoire :
> Tout cela, c'est la mer à boire...

et personne n'a jamais bu la mer; quelques-uns seulement, à le tenter, s'y sont noyés et ont perdu la vie ou la raison. Trop est trop, et il faut se borner.

Cherchons donc, et sans rien proscrire, en laissant à chacune la liberté d'ajouter et quelquefois de retrancher, avec discernement.

Le nécessaire, d'abord, et le nécessaire pour toutes, car il y a plusieurs variétés de nécessaires. Et au premier rang l'hygiène, c'est-à-dire l'art de vivre, ou plutôt de ne pas se tuer ou se laisser tuer. Art d'importance capitale et ignoré de presque tous, s'il est vrai, comme disent les médecins, que la plupart d'entre nous ne meurent pas, mais se tuent.

Premièrement manger, penser ensuite, disaient les anciens; ils avaient raison; si haut que soit le but, encore faut-il songer aux moyens de l'atteindre.

Il n'avait pas si grand tort, le bonhomme Chrysale, de tenir à sa « guenille » et de rappeler à sa sotte pécore de sœur qu' « on vit de bonne soupe et non de beau langage ». Et c'est pourquoi, mesdames, sans faire fi du beau langage et du reste, vous ne négligerez pas la cuisine, où se fait de bonne soupe. C'est la première partie de l'hygiène.

Le docteur Léon Petit, le médecin de l'Œuvre des enfants tuberculeux, faisait, il y a une quinzaine d'années, dans une de nos mairies, un cours d'hygiène. Remarquant, au bout de deux ou trois saisons, que son auditoire, qui paraissait composé presque uniquement d'institutrices en disponibilité, ne changeait guère, il songea, pour varier un peu ses leçons, à leur faire un cours de cuisine. La chose fit scandale, et des moues dédaigneuses l'avertirent bientôt du mécontentement général. S'adressant alors à celle de ses auditrices qui manifestait le plus de mécontentement :

— Ce que je vous enseigne ne vous plaît pas, mademoiselle ? lui dit-il.

— Dame, monsieur, lui répond-elle, on vient ici pour chercher de la science.

— Ah ! Et ce n'est pas de la science, à votre avis, la connaissance des meilleurs procédés d'alimentation, des meilleurs moyens d'entretenir la vie ?

Un autre savant, le grand chimiste Dumas, nous

disait, dans son discours présidentiel au Congrès de l'Association française pour l'avancement des sciences :

« Manger, c'est de la chimie ; marcher, c'est de la mécanique ; respirer, c'est de la physique, c'est-à-dire de la science. La science nous suit partout ; si nous lui obéissons, elle nous sert ; si nous la méconnaissons, elle nous écrase. » Le monde est soumis à des lois, qui sont, selon le mot de Montesquieu, les rapports mêmes des choses. Nous ne pouvons les changer ; mais nous pouvons les étudier pour nous y adapter.

De là, nécessité, si nous ne voulons pas rester à la merci de tous les hasards, de connaître, au moins gros, la structure de notre corps et le fonctionnement de nos organes. Les femmes n'ont pas moins besoin de cette connaissance que les hommes, peut-être plus, puisque, par un glorieux et trop souvent douloureux privilège, c'est à elles qu'est échue la charge redoutable de la maternité, et que ce n'est pas de leur propre existence seulement, mais de celle de leurs enfants qu'elles sont responsables, avant comme après leur naissance. Aussi est-ce pour elles surtout que des leçons élémentaires, mais sûres, de physiologie et d'hygiène seraient nécessaires.

« Je voudrais », lisais-je un jour dans un livre

étrange mais suggestif, « que, dans chaque quartier de nos villes, une femme respectable, savante et habile à dire les choses difficiles et délicates, se chargeât de réunir autour d'elle les jeunes filles et les jeunes femmes, et, avec l'art discret qu'enseigne le respect d'une tâche sainte, les initiât délicatement aux mystères de leurs jolis corps. »

« Que de douleurs, et physiques et morales, que de fautes parfois irréparables, que de ruines de santés, que de pertes d'enfants ne seraient pas évitées par cette hygiène préventive ! »

Quand elle ne vous apprendrait, mesdames et mesdemoiselles, qu'à éviter les tortures homicides des modes ridicules, à repousser, comme meurtrières aussi bien que comme disgracieuses, ces exagérations contradictoires et tour à tour impératives des armures d'acier qui vous transforment en ballons et des jupes trop étroites qui vous font ressembler à des parapluies dans leur fourreau, des corsets compresseurs qui vous font remonter le ventre dans la poitrine et des souliers à talon haut et étroit qui vous exposent aux entorses et vous tirent les muscles des jambes et des hanches jusque dans leurs profondeurs, le service ne serait pas mince, et vos enfants, après vous, en sauraient gré à ceux qui vous l'auraient rendu.

Je parle de l'hygiène directe du corps ; mais elle

n'est pas la seule qui nous intéresse ; car il y a le dehors et le dedans.

Nous avons, en réalité, trois enveloppes : notre peau, dont nous ne pouvons pas nous séparer, mais que nous pouvons bien ou mal entretenir ou protéger, pour le plus grand profit ou le plus grand malheur de notre organisme ; nos vêtements, qui sont la doublure de notre peau, et notre logement, qui en est l'abri et la protection contre les influences et les dangers extérieurs. Autant de choses qu'il faut savoir adapter à sa vie, et qui ont leurs exigences et leurs lois. J'ajoute, car nous ne sommes pas isolés, et notre vie est étroitement dépendante de la vie de nos semblables, l'entourage, le milieu, comme on dit, milieu physique et moral, dont nous subissons les influences bonnes ou mauvaises, sur lequel, de notre côté, nous réagissons, et que par intérêt, aussi bien que par devoir, nous ne pouvons négliger. Je ne vous parlerai pas de la langue, de la littérature de votre pays, des langues étrangères, de l'histoire, de la géographie et des sciences. Le temps n'est plus où le plus grand éloge qui se pût faire d'une femme tenait dans ce vers :

Elle resta chez elle et fila de la laine ;

et bien peu aujourd'hui trouveraient qu' « une

femme en sait toujours assez, quand la capacité de son esprit se hausse à connaître un pourpoint d'avec un haut-de-chausse ».

On ne reste plus chez soi ; on se déplace même peut-être un peu trop. Et l'on a besoin de connaître mieux qu'au temps jadis la configuration de son pays et celle de la terre. Il n'est plus permis d'ignorer absolument les sciences physiques, chimiques, mécaniques. Comment y demeurer étrangère quand on a affaire à toute heure aux machines et aux appareils de toutes sortes : chemins de fer, automobiles, tramways électriques et le reste ?

Il n'est pas permis non plus de rester complètement indifférente aux arts, dont les merveilles sont mises de toutes parts à la portée de tous, ni aux éléments de la législation et de la comptabilité. « Il faut savoir », comme le disait encore le bonhomme Chrysale, « surveiller son ménage avec économie ; avoir l'œil sur ses gens », quand on a des gens, et connaître le meilleur emploi des choses et du temps, quand on doit (ce qui n'est pas toujours un malheur) se passer des mains des autres.

Je viens de parler de notions élémentaires de législation. Les lois, en effet, sont faites pour les femmes comme pour les hommes, et, pour elles comme pour eux, les ignorer ne dispense pas de compter avec elles. Fût-on, comme on disait jadis, en puissance de mari, et légalement mineure et incapable, on a encore des intérêts et des droits qui supposent des devoirs; il faut savoir dans quelle mesure on a la capacité de les exercer.

A plus forte raison si l'on est indépendante et seule responsable de son sort, ou, plus encore, chargée du sort d'autrui : veuve avec des enfants à diriger, tutrice des siens ou de ceux d'autrui, puisque depuis un certain nombre d'années la loi a bien voulu diminuer quelque peu les incapacités qui pesaient sur le sexe sans barbe.

Vous-mêmes, mesdames, ou, si ce n'est vous, vos sœurs avez rejeté et tendez à rejeter de plus en plus l'ancienne dépendance. Je ne traiterai point ici la question du féminisme dans toute son étendue. Elle est trop vaste et, par certains côtés, trop délicate. Mais enfin de grands changements se sont opérés dans la condition des femmes. Et je suis loin de les blâmer tous. Des professions qui leur étaient interdites, et dont quelques-unes cependant semblent particulièrement faites pour elles, leur sont devenues accessibles. Elles peuvent être médecins, avocats, agrégés des lettres et des sciences. Elles aspirent plus haut; et beaucoup ont la prétention de devenir, comme dans quelques-uns des Etats de l'Amérique ou dans la Nouvelle-Zélande, électrices, magistrats, membres du parlement ou du gouvernement. Je ne crois pas, je l'avoue, que ces derniers postes, au moins, doivent être habituellement ambitionnés et occupés par des femmes. Mais sans aller si haut, elles peuvent avoir besoin de notions plus sérieuses et plus étendues que celles qui leur étaient jadis données des questions d'intérêt public. Le foyer, à mon sens, est la place naturelle de la femme. C'est là qu'elle a sa véritable tâche, et sa plus belle et plus nécessaire influence. Mais toutes, je viens de le dire, n'ont pas un foyer ou ne sont pas à même de s'en former un. Combien sont obligées, pour assurer leur existence ou celle des leurs, d'en sortir et de disputer aux hommes leurs travaux et leurs fonctions! Et, n'en fût-il pas ainsi, cette tâche intérieure et domestique, cette action qui s'exerce sans bruit sous le toit familial, croit-on qu'elle puisse s'exercer convenablement sans autre préoccupation que celle de la bonne tenue du ménage et des soins à donner au mari et aux enfants?

Ce n'est pas tout. Et il ne suffit pas, pour remplir vos devoirs et pour avoir soin de vos intérêts, de posséder l'instruction que comporte votre situation ou votre profession et de connaître les soins à prendre de votre personne, de votre famille ou de votre ménage; il faut, à raison de ce milieu dont je parlais tout à l'heure et de cette solidarité qui nous fait profiter ou souffrir du bien ou du mal des autres, de même qu'elle étend aux autres l'influence de nos actes, avoir le souci et, par conséquent, la connaissance des intérêts et des devoirs sociaux. Non pas, sans doute, que toutes les femmes doivent se mêler d'intervenir à toute heure dans la politique et dans la direction des affaires publiques.

J'ai dit, et je ne saurais trop répéter que, si elles n'ont pas tort de réclamer contre les exclusions dont elles ont été trop longtemps frappées, ce n'en est pas moins, pour la plupart, dans l'ombre salutaire du foyer domestique qu'est leur tâche principale. Mais là même, est-il possible de s'abstraire de ce qui se passe au dehors? Et les devoirs privés n'exigent-ils pas quelques notions des lois de ce grand corps social dont nous sommes les membres et les organes?

Mon savant confrère et ami Cheysson rappelait tout à l'heure que le bien n'est pas toujours facile à faire. « Ce n'est pas toujours », disait mon maître Bastiat, « la bonté de l'intention qui fait la bonté de la potion ». Il y a des médecins qui tuent leurs malades en voulant les guérir. Il y a une charité aveugle, banale, qui encourage la paresse et propage la misère.

Passons rapidement en revue quelques-unes des plus graves questions de l'ordre social et économique, et nous verrons combien il est difficile de se former une opinion sans savoir : l'*aumône*, qui, suivant qu'elle est faite avec ou sans discernement, peut être l'une des formes les plus belles de l'assistance fraternelle et du relèvement moral et matériel ou devenir l'aliment maudit de la paresse, du vice et de la débauche, et mériter l'anathème de saint Basile : « Les bienfaits mal placés sont des méfaits »; — le *luxe*, glorifié inconsidérément par les uns, condamné sans réserve par les autres, et qui peut n'être, lui aussi, que l'honnête embellissement de la vie, excitation et récompense du travail, ou un honteux étalage de richesses honteusement gaspillées pour la coupable vanité des uns et l'envieuse irritation des autres; — les *machines*, accusées à tort de développer la misère en désorganisant le travail, et qui, si elles font parfois payer momentanément par quelques troubles, quelques souffrances, leur avènement et leur perfectionnement, n'en sont pas moins les auxiliaires indispensables du travail et les agents par excellence de l'affranchissement et de l'élévation commune;... je ne ferai qu'indiquer le *salaire*, le *capital*, etc.

Toutes ces questions, sans doute, la majorité

des femmes, celles qui ne prennent part ni par la parole, ni par la plume, aux discussions publiques, n'ont pas à les trancher directement ; mais il n'est pas indifférent qu'elles aient à leur égard des idées justes ou des idées fausses ; car, outre que tout ce qui assure ou trouble la paix de la rue ou des ateliers, tout ce qui contrarie ou favorise la prospérité générale réagit sur leur tranquillité et celle de leur famille, elles sont, par leurs idées, par leur langage, par leur influence sur leur entourage, pour beaucoup dans la formation de cet esprit public. Elles sont, sans s'en douter parfois, les inspiratrices des hommes.

Ce sont elles, comme le disait Tocqueville dans une lettre que j'ai citée lors de l'inauguration de cette école, qui forment le tempérament moral d'une nation.

Ce sont elles, écrivait Bastiat, qui sont les dispensatrices naturelles du blâme et de l'éloge.

Et que faut-il pour qu'un peuple grandisse et mérite de grandir ? Que ce qui est honorable soit généralement honoré, et que ce qui est méprisable soit méprisé. Autrefois, ajoute-t-il, les femmes couronnaient les vainqueurs dans les tournois ; elles acclamaient les exploits du chevalier sans peur et sans reproche ; elles vouaient à la honte le félon et le lâche. Et quoi ? parce que la lutte s'est transportée des champs de bataille sur le terrain des idées, parce que c'est dans l'arène électorale ou dans les débats parlementaires que se résolvent les questions dont dépend le bonheur ou le malheur de l'éternité, la tâche des femmes serait terminée? Elles n'auraient plus rien à dire pour encourager les nobles efforts et décourager les basses intrigues? Elles n'auraient pas, pour celui qui trahit la vérité ou la justice, quelques-unes de ces ironies sanglantes dont elles flétrissaient autrefois l'homme d'armes qui avait déserté ou acheté la vie au prix de l'honneur?

Oui, encore une fois, sans se jeter, pour la plupart, au milieu des combattants, sans affecter de faire montre de leur puissance, du fond de leur demeure, comme épouse ou comme mère, les femmes peuvent et doivent avoir le sentiment de leurs devoirs sociaux, nationaux, patriotiques et humains.

On a remarqué que la plupart des hommes réellement supérieurs ont dû cette supériorité à l'action exercée sur eux par une sœur, par une femme, par une mère, dont personne, s'ils n'avaient été ce qu'ils ont été, n'aurait jamais entendu parler. Former de grands hommes et donner au monde d'éclatantes lumières sera toujours l'exception.

Former des hommes de bien, des esprits éclairés et des cœurs droits (et pour cela chercher à connaître soi-même la vérité et la justice) peut être le lot et le devoir de toutes.

F. Passy,
Membre de l'Institut.

CONFÉRENCE FAITE A L'ÉCOLE DES MÈRES

LA RESPONSABILITÉ MORALE

PAR

M. Frédéric PASSY

MEMBRE DE L'INSTITUT

LA RESPONSABILITÉ MORALE

Je dois vous entretenir aujourd'hui de la responsabilité morale. Fidèles à la recommandation de Pascal, commençons par définir les termes. Vous connaissez toutes ce qu'est la responsabilité matérielle ; vous savez qu'il y a dans toutes les sociétés organisées une responsabilité civile et une responsabilité pénale. L'article 1382 de notre Code porte que quiconque, par son fait et par sa faute, cause préjudice à autrui, est tenu de le réparer : c'est la responsabilité civile. Au risque de scandaliser les jurisconsultes, s'il s'en trouve parmi ces messieurs, j'avoue que cet article et quelques autres, comme celui qui porte que les conventions librement consenties sont la loi des parties, pourraient, à mon avis, suffire, dans la plupart des cas, et nous permettre de nous passer du plus grand nombre des autres.

A côté de cet article qui oblige à l'indemnité

pour préjudice causé, il y en a d'autres qui nous menacent de pénalités pour des fautes. On peut, en effet, avoir causé préjudice à autrui sans le vouloir, et, par conséquent, sans être punissable. Et l'on peut avoir commis des actes qui sont des délits ou des crimes.

Mais en outre de ces responsabilités, directes et matérielles, n'y a-t-il pas des responsabilités indirectes, des responsabilités tantôt conscientes, tantôt inconscientes et inconnues, ou auxquelles on ne pense point? Oui, il y en a, et c'est précisément sur celles-ci que je me propose d'insister dans cette conférence.

Un fumeur, avec sa négligence habituelle, jette une allumette dans la rue : une dame passe et enflamme sa robe. Un autre jette son cigare par la portière d'un wagon : il tombe sur des herbes sèches, des brindilles de sapin; un incendie va dévorer des milliers d'hectares, comme cela s'est produit dans les Landes et ailleurs. La responsabilité matérielle ne peut pas les atteindre, car il est impossible de savoir si c'est un pâtre, en allumant du feu pour se chauffer, ou peut-être pour refaire des pâturages en détruisant des arbustes; si c'est un fumeur imprudent, ou si c'est tout simplement une goutte d'eau sur laquelle le soleil de juillet a fait lentille, qui a été la première cause du feu. La responsabilité morale n'en est pas moins incontestable. Je pourrais citer beaucoup de cas analogues, sans parler des accidents d'automobiles, dont on parle tant et dont on ne parle pas assez.

Il y a des cas d'une autre nature.

Un procureur général près la Cour de Paris, qui passait pour un caractère assez difficile, dont les dehors n'étaient certainement pas toujours agréables, mais qui était un homme de grande valeur, et auquel personnellement je dois un souvenir de reconnaissance, M. le procureur général Hébert, dans une affaire de conspiration, troubles ou émeutes quelconques, voulut faire comprendre dans les poursuites intentées aux accusés un ou plusieurs écrivains, qu'il accusait d'avoir été les instigateurs des crimes dont il requérait le châtiment. Ils étaient, disait-il, « coupables de complicité morale ». La prétention fit scandale. Et, en effet, avec cette complicité morale, on irait loin. Et cependant, tout en disant qu'il n'y aurait plus ni liberté de parole, ni liberté de presse, ni liberté de pensée, s'il était possible de faire remonter plus ou moins hypothétiquement à celui qui a dit tel mot, à telle époque, un crime qui a été commis à une autre époque, il est difficile de nier entre les paroles, ou les écrits et les actes, une relation de cause à effet.

Je me souviens d'une séance de l'Académie des sciences morales, qui fut consacrée en grande partie à une communication de Paul Janet, à propos d'un livre de M. Paul Bourget, *Le Disciple*. Dans cet ouvrage, il s'agit d'un vieux philosophe qui professe des idées sociales assez avancées, et qui a la douleur de voir un de ses disciples préférés se rendre coupable, d'ailleurs très sincèrement, et croyant faire le bien, comme tous les fanatiques, de violences que le maître réprouve énergiquement. On demande alors au vieux philosophe austère, et il se demande à lui-même, si ce n'est pas lui qui a armé la main du coupable. Ce n'est qu'un exemple entre mille.

Il y a eu dans tous les temps des fanatiques de tous genres, politiques, religieux ou autres, qui, très sincèrement, ont cru accomplir leur devoir en commettant des actes qu'une morale moins passionnée et plus clairvoyante ne saurait absoudre. Nous connaissons tous le trait suivant. Le roi d'Angleterre Henri II, après avoir été l'ami intime de Thomas Beckett, archevêque de Cantorbery, était devenu son ennemi. Un jour, manifestant son ressentiment devant plusieurs personnes de sa cour, il eut le malheur de dire : « On ne me débarrassera donc jamais de cet homme ? » Quelques jours plus tard, un jeune homme qui avait entendu cette exclamation assassinait Thomas Beckett. Le roi d'Angleterre fut obligé de faire une longue et humiliante pénitence comme responsable de ce crime auquel il n'avait pas sérieusement songé.

Non loin d'ici, il y a quelques années, un médecin passait tranquillement sur l'avenue de Neuilly. Il avait le malheur d'avoir une rosette rouge à la boutonnière. Un inconnu, pour lequel il n'était autre qu'un bourgeois quelconque, tire sur lui un coup de revolver. Cet énergumène arrivait de Reims, où il avait assisté à une conférence dans laquelle la bourgeoisie était anathématisée et où l'on disait qu'il fallait détruire le capital et les capitalistes. La tête montée, il avait tiré sur le premier bourgeois un peu cossu qu'il avait rencontré. Evidemment, c'était l'orateur qu'il avait entendu qui l'avait excité à commettre cet attentat.

De pareils faits ne sont pas rares. Et bien qu'il soit souvent difficile d'établir le degré exact de responsabilité, on a le droit d'incriminer les paroles qui ont pu exciter au crime. Il faut faire sentir à tous les conséquences possibles de leurs paroles ou de leurs actes. On en est responsable, alors même que l'on n'a à craindre aucune poursuite ou réclamation civile ou pénale.

Je viens de parler de faits graves exceptionnels; quelques-uns ont inspiré des écrivains ou des poëtes. C'est le cas de *La Grève des Forgerons*, de François Coppée. Mais sans sortir du cours de la vie ordinaire, songez à ces actes plus ou moins malsains ou malhonnêtes qui se commettent, à ces divisions et ces haines qui troublent nos sociétés, à ces fautes des uns et des autres, aux erreurs des jeunes gens qui croient se faire plus grands et plus sérieux en abandonnant les voies du travail et de la bonne conduite pour se lancer dans les désordres et les scandales ; pensez-vous que tout cela ne soit pas le résultat, la plupart du temps, des exemples qu'ils ont sous les yeux ou des discours et des paroles qu'ils ont entendues ?

Des gens de moralité douteuse se disent : « Après tout, ne sommes-nous pas les maîtres de vivre comme il nous convient ? Je gaspille mon argent et ma vie ; je mène une existence oisive, c'est possible ; mais je ne fais de mal qu'à moi. »

Pardon ; on ne fait pas de tort qu'à soi. De même que les bons exemples et les bons discours font de braves gens, par imitation ou par persuasion, de même les mauvais exemples font de malhonnêtes gens.

Le pape Innocent III disait au Concile de Latran (il n'y avait qu'un pape qui pût parler ainsi) : « Toute corruption du peuple vient d'abord du clergé. » Et un réformateur qui, parmi un certain nombre d'utopies, a laissé des enseignements pratiques et une trace très sérieuse dans la vie économique moderne, Saint-Simon (celui du siècle dernier, qu'il ne faut pas confondre avec le Saint-Simon de la fin du règne de Louis XIV), disait : « Un jour viendra où, quand un criminel aura été appréhendé par la force publique et emprisonné, avant de le faire comparaître devant les juges, le représentant de la société descendra dans son cachot, et, s'humiliant devant lui, dira : « Mon frère, la société a « donc été bien coupable envers toi ; elle t'a donc « bien mal instruit, bien mal dirigé, bien mal pro- « tégé ; elle t'a donné de bien mauvais exemples « pour que tu sois descendu aussi bas que tu es « aujourd'hui ? »

La part de l'exagération faite, il y a là un grand fond de vérité. Il est incontestable que, dans tous les maux dont nous nous plaignons, dans ces menaces, proclamées dans des déclarations furibondes, dans ces prétentions de remaniement brutal et de bouleversement de la société, dont nous pouvons être demain les victimes, une part de responsabilité collective et individuelle aussi, la plupart du temps, nous revient. De sorte que, sans déserter le devoir de la conservation sociale et la défense de nos droits, nous devrions éprouver un sentiment de pitié, d'indulgence ou de commisération et, jusqu'à un certain point, de contrition, en présence des désordres qui nous affligent et qui même nous menacent le plus sérieusement.

Mais ce ne sont pas seulement ces idées malsaines, dangereuses, absolûment fausses ; ce ne sont pas seulement les exemples plus ou moins odieux, inexcusables, qui sont fatalement des semences de désordres sociaux, de corruption ; ce sont souvent de simples négligences, de simples étourderies, l'absence du sentiment de la valeur et de la portée de nos paroles et de nos actes.

Nous parlons, soit dans nos demeures, soit en chemin de fer, en omnibus, sans nous préoccuper des oreilles qui peuvent nous entendre. Or, parmi les choses que nous disons, il en est qui, pour nous, pour les gens de notre monde, de notre intelligence, ne peuvent pas avoir d'influences fâcheuses, mais qui, devant les enfants, les domestiques, les compagnons de voyage, peuvent être mal interprétées, blessantes, peut-être, par une apparence de dédain à l'égard des gens qu'on a l'air de considérer comme au-dessous de soi, des signes de dégoût vis-à-vis de telle ou telle personne qui vous paraîtra mal mise ; ces paroles ainsi prononcées en public peuvent avoir une conséquence à laquelle on n'a pas songé. Vous vous créez, non seulement à vous, mais à tous ceux qui occupent une situation analogue à la vôtre, des ennemis, des malveillants, et le mal se répand ainsi de proche en proche. D'ailleurs, n'eussions-nous fait que blesser une susceptibilité même mal fondée ou maladive, nous aurions fait du mal sans y songer. On ne sait jamais ce qui peut sortir d'une parole ou d'un exemple mal compris.

Il me revient à ce propos un vieux souvenir. Il date de soixante-cinq ans. Je passais devant un grand magasin de comestibles, celui de la célèbre maison de Potel et Chabot. Il y avait là un étalage de toute espèce de victuailles appétissantes. Un pauvre petit ramoneur s'y était arrêté, regardant avec de grands yeux les chevreuils et les faisans, les pâtés de foie gras, les fruits, les primeurs. Deux jeunes élégants vinrent à passer, pas méchants, mais étourdis. « Eh! petit, dit l'un d'eux, tu voudrais bien avoir cela, toi? » Et l'enfant de répondre : « Et du pain pour manger avec? » Ne sentez-vous pas, par cette simple réponse, ce qu'il y avait de cruel dans la question posée; et combien souvent le simple étalage des choses qui ne peuvent pas être obtenues est à la fois une tentation et une excitation à de mauvais sentiments? Qui dira combien, parmi ces nombreuses personnes qui, tous les jours, se font arrêter pour vols dans nos grands magasins, parmi les ouvrières laborieuses qui, un beau matin, quittent l'atelier, abandonnent le travail et la bonne conduite pour se jeter dans les aventures, il y en a que la vue d'une robe trop belle portée avec ostentation devant elle par quelque grande dame qui passe, ou peut-être par une de leurs anciennes compagnes qui est arrivée à en avoir une, a conduit à voler ou à se procurer par d'autres moyens malhonnêtes l'argent qu'elle ne possédait pas? Et voilà pourquoi il faut nous rappeler le mot de Franklin : « Ce sont les yeux d'autrui qui nous perdent. » Les nôtres, disait Franklin, quand ils laissent à désirer, n'ont guère besoin que d'une paire de lunettes. Hélas! si une paire de lunettes pouvait suffire, je connais des gens qui seraient plus heureux.

Pourquoi, ajoute Franklin, celui-ci donne-t-il des réceptions et des dîners que sa fortune ne lui permet pas, et se prépare-t-il à la ruine? Pourquoi celle-là porte-t-elle des toilettes qui vont grever le budget de son mari et l'obliger peut-être à faire des dettes ou à commettre, pour soutenir le luxe de Madame, des actions répréhensibles? Pourquoi? Parce qu'ils ne veulent pas faire moins que Monsieur ou Madame d'en face ou d'à côté, à qui leur fortune le permet. Ce Monsieur et cette Madame d'en face sont-ils, au fond, innocents des

sottises que font faire à leurs voisins leurs yeux?
Pas absolument; et c'est pourquoi il faut y songer,
surtout dans les temps de démocratie comme le
nôtre, où se mêlent tant de courants dangereux et
mauvais à tant de généreuses inspirations. Car
nous sommes à une époque critique; en réalité, on
y est toujours. Nous sommes dans une fournaise
dans laquelle se brassent les conditions futures de
nos sociétés, et dont il peut sortir beaucoup de
mal, et aussi, espérons-le, beaucoup de bien. Dans
une époque comme celle-là, il faut faire grande
attention à tout ce qui peut choquer les yeux,
les oreilles ou les sentiments d'autrui; il faut
se dire que si, quand on a légitimement gagné
ou reçu sa fortune, il est légitime de s'accorder du bien-être, de l'aisance, du luxe même,
mais du luxe intérieur et de bon goût, il n'est
pas aussi innocent d'afficher ce luxe tapageur,
ce luxe extérieur, ce luxe fait, comme l'on
dit vulgairement, « pour épater le public », parce
que ce sont autant de coups d'épingle ou de poignard que l'on enfonce dans le cœur d'un certain
nombre de ses semblables et qui feront des bles-
sures d'où sortiront les ulcères sociaux : la haine,
la mésintelligence, et peut-être des troubles qui
bouleverseront la société.

Il y a une chanson, que l'on ne chante plus

guère (et j'en suis bien aise), mais que vous connaissez peut-être. Je l'ai entendue dans des réunions de bienfaisance, notamment à celles de la Société protectrice de l'Enfance. Elle ne me plaît pas beaucoup, parce qu'à mon avis elle peut provoquer ces mauvais sentiments que je signalais tout à l'heure ; mais au fond, elle est d'une observation bien vraie, et c'est précisément parce qu'elle est vraie qu'elle me paraît dangereuse. Je veux parler de la *Levrette en paletot*. Il s'agit d'un ouvrier qui voit passer une levrette couverte d'un paletot chaudement fourré, artistement brodé et armorié, tenue en laisse par un valet galonné, et, à côté de la petite chienne qui semble si heureuse, passe une pauvre femme, à peine vêtue, portant dans ses bras un enfant à la mamelle, qui est lui-même bien chétif et bien mal protégé contre le froid. Et l'ouvrier de hurler son mépris contre cet animal aristocrate qui promène sa morgue au milieu de tant de misères.

Eh ! oui, de pareilles fantaisies, que l'on trouve innocentes, sont mauvaises. Mme la marquise ou Mme la comtesse, qui peut être la personne la plus bienfaisante du monde, ne s'est jamais doutée du mal qu'elle faisait et de la responsabilité morale à laquelle elle s'exposait en faisant promener par son domestique, au milieu des misères et du dénûment d'une partie de ses semblables, cet animal beaucoup mieux habillé que la plupart des femmes pauvres de la ville.

Et c'est pourquoi je répète encore : Pensons aux yeux des autres pour leur éviter tout ce qui pourrait leur être pénible; pour leur éviter surtout tous les spectacles qui pourraient éveiller en eux des sentiments douloureux ou mauvais. Cherchons le bien-être dans ce qui mérite réellement ce nom; laissons de côté ce qui est vanité; vivons pour nous, en n'oubliant pas les autres avec lesquels nous vivons.

Un jour (c'était dans ma jeunesse), mon père me raconta l'avis que lui avait donné, quand il était jeune lui-même, un brave homme que j'ai connu quand il avait à peu près le même âge que j'ai aujourd'hui. « Mon bon ami, lui dit-il, je vais vous donner une petite leçon de morale. Elle n'est pas sévère. Je crois bien qu'elle ne l'est pas assez; mais telle qu'elle est, elle pourra vous être utile. Quand vous avez envie, ou que vous êtes sur le point de faire une sottise, demandez-vous si c'est pour vous, pour votre agrément personnel, que vous la faites, ou si c'est pour les autres. Ne faites que celles que vous faites pour vous-même et pas pour vos voisins. Vous n'en ferez pas beaucoup. »

Efforçons-nous de ne dire, de ne faire, de ne montrer que ce qui, tout en nous étant véritablement agréable ou utile, conforme à des désirs ou des besoins respectables, ne nous est pas inspiré par quelques sentiments plus ou moins douteux à l'égard de nos semblables, ou ne peut pas avoir sur eux une répercussion dangereuse.

Voilà ma petite morale à moi. Elle est peut-être un peu sévère; mais cependant, je dis, comme le bonhomme de tout à l'heure : elle ne l'est peut-être pas assez.

Frédéric Passy,
Membre de l'Institut.

LA POÉSIE DES DEVOIRS MODESTES

PAR

M. Charles WAGNER

LA POÉSIE DES DEVOIRS MODESTES

Je me félicite, tout d'abord, d'avoir l'occasion
de parler ici, devant des femmes qui s'intéressent
au sujet annoncé, et de voir dans mon auditoire
M. Frédéric Passy, dont je salue la figure vénéra-
ble. Je suis infiniment heureux d'être entendu par
un ancien de sa compétence et de sa valeur, sur un
de ces petits sujets modestes en surface, mais
grands par leur portée. Nous allons nous entretenir en effet de la poésie des devoirs simples, ou
des devoirs modestes.

Il y a dans certains mondes des idées courantes,
qui circulent à la faveur de la routine, et qu'on
accepte comme monnaie régulière et valable. Ceux
qui les adoptent les propagent, si bien qu'elles
arrivent à faire le tour du pays, à entrer dans
l'éducation, à se transmettre comme un héritage
des parents aux enfants. Puis, quand on en vient
à y regarder d'un peu près, on s'aperçoit quelque-

fois que ce sont des idées fausses, tout comme il y a de la fausse monnaie.

Parmi ces idées fausses et dangereuses, qui agissent avec une persistance funeste sur l'éducation, sur la conception que chacun peut se faire de la vie, du bonheur, il en est une qui consiste à croire que certaines situations sont en elles-mêmes poétiques, que d'autres sont dépourvues de poésie; que certains devoirs, certaines occupations ont un lustre qui leur est inhérent et propre, tandis qu'il y a des occupations médiocres, dans lesquelles il n'y a ni esprit, ni distinction, et auxquelles on ne se livre qu'en se manquant un peu à soi-même. Ainsi plaint-on parfois la personne obligée, par suite d'un revers de fortune, de vaquer elle-même, de ses propres mains, à des soins confiés auparavant à des subalternes, comme si, dans ces menus détails résultant des grands bouleversements de l'existence, elle buvait jusqu'à la lie la coupe d'amertume.

Je voudrais attaquer cette erreur, et diriger contre elle des arguments serrés qui puissent dans votre esprit la combattre avec avantage.

La poésie est désignée par un mot où il y a déjà une indication : c'est un vieux mot grec qui signifie création. Les anciens, en forgeant ce mot, — et les mots sont des œuvres, qui contiennent des démonstrations, des pensées et des faits, — avaient parfaitement conscience que la poésie est une œuvre, un effort, un travail auquel un ouvrier s'ingénie. La poésie est un travail auquel le poète se livre sur la réalité, et qui est fort comparable à l'action du sculpteur sur le bloc dont il veut tirer une statue, et auquel il veut insuffler la vie frémissante.

Une situation, en elle-même, n'est que de la matière première : ni le ciel étoilé, ni la prairie en fleurs, ni les neiges immaculées des montagnes ne sont poétiques par elles-mêmes ; ils le deviennent par un travail que notre esprit fait sur eux. Voici le trottoir d'une rue, voici un sentier qui court entre deux haies. Ce sont chemins fort différents. Mais chacun parlera à sa façon à l'esprit qui sait lire cette écriture dont les choses sont les caractères, et qui sait entendre cette musique dont les choses sont les notes. Point n'est besoin d'objets extraordinaires : une pierre sur le chemin, un débris de fleurs foulé aux pieds, une plume tombée de l'aile d'un oiseau, un rien fait travailler l'esprit créateur, lui ouvre des vues sur des horizons les plus vastes, et le met dans cette disposition particulière et heureuse qui se nomme l'inspiration. L'homme terre à terre, par contre, ne réagit devant rien, parce qu'il ne comprend rien. Il n'a pas la clef qui ouvre le monde caché de la poésie vivante.

Avant de vous montrer d'une manière positive et directe comment l'esprit, par le sentiment et par sa vie propre, et sa chaleur, manipule les situations et leur fait rendre cette quintessence de poésie qui est en elles, je voudrais vous montrer un travail exactement contraire. Nous prouverons ainsi par l'absurde que c'est l'esprit qui donne à toute chose sa valeur propre et sa physionomie.

Autrefois, d'après les vieilles mythologies, un certain personnage a existé, qui jouissait du privilège de transformer en or tout ce qu'il touchait. Ce personnage symbolise admirablement la faculté poétique, habile à mettre en beauté tout ce qu'elle effleure. Mais n'y a-t-il pas aussi des gens qui, par je ne sais quelle influence, rendent laid tout ce qu'ils touchent, choses et hommes?

Il y a par exemple des êtres qui ont l'esprit de dénigrement poussé à une telle hauteur, que tout ce qu'ils regardent se ternit. Il suffit qu'ils parlent de quelqu'un, pour qu'il apparaisse à son désavantage. Quand ils ont passé quelque part, ils ont laissé leur badigeon sur les figures. D'autres sont maladroits de leurs mains : ils se montrent seulement et quelque objet se détraque ou se casse. Touchent-ils à un outil, l'outil vous paraît mala-

droit; à un appareil, il semble mal construit.
Quand ils vous présentent quelqu'un, ce quelqu'un
devient ridicule parce qu'ils le présentent comme
certains présentent les plats, en les laissant tomber de leurs mains. C'est un grand danger, et une
singulière mésaventure, que d'être pour la première fois introduit dans une société par des gens
qui ont la main aussi compromettante. D'autres
sont tellement bêtes que tout ce qu'ils touchent
prend un air d'absurdité prononcée. Ils arrivent et
rien ne va plus. Les choses qui allaient toutes
seules deviennent entêtées comme de pauvres bour-
riques, refusant de marcher parce qu'un conduc-
teur a touché à elles qui ne leur convient pas.

Ces personnes ont-elles arrangé un jardin ou un
appartement, classé des tableaux dans une galerie
ou des livres dans une bibliothèque, vous n'y
reconnaissez plus rien : un vent d'insanité a souf-
flé partout. Tout a pris un air bête. Vous en êtes
dégoûté.

D'autres ont un tel pouvoir de désordre que
quand ils ont mis le pied quelque part on ne trouve
plus rien en place. Il faut une semaine pour
débrouiller ce qu'ils ont embrouillé en une heure.
Et quelquefois, dans le moral c'est la même chose :
certains esprits ont le don, en passant par une
famille où tout le monde est d'accord, un petit

groupe où tout le monde s'entend, de mettre la zizanie partout ; quand ils sont partis, les amis sont des ennemis. Par ces effets que produit l'esprit lorsqu'il est mauvais, on peut juger de sa puissance. Heureusement, aussi bien qu'il s'accomplit là une besogne d'ombre, il peut se faire un travail heureux pour chacun, lorsque de nos âmes nous transportons dans la vie ce charme et cette grâce qui font que les choses deviennent poétiques. Elles sont éclairées alors comme par une lueur favorable. Leur couleur la plus vive, leur plus plaisant relief nous est prés. nté.

Les devoirs modestes ont une mauvaise réputation parce qu'on ne sait ni les comprendre, ni les interpréter. On ne sait pas tourner ces pages plus humbles du livre de la vie. La langue qui s'y trouve écrite est pour vous une langue morte. Je vais passer en revue un certain nombre de ces devoirs que vous connaissez.

Il y a des personnes qui aiment bien travailler dans la journée ; mais se lever de bonne heure, c'est le signe de la domesticité. Si possible on a quelqu'un chez soi qui se lève à votre place. On trouve très doux et beaucoup plus poétique d'entendre le matin mouvoir autour de soi, doucement fermer les portes dans la chambre à côté et marcher sur la pointe des pieds pour ne pas vous réveiller. C'est même un des moments les plus agréables de la journée, de se trouver ainsi dormant tout en sachant qu'on dort.

Mais, écoutez. S'il y a quelque peine à se lever le matin, ceux qui prennent sur eux de faire cela par amour pour les autres trouvent quelquefois un bien grand charme, un charme inconnu, dans les heures matinales, et dans les devoirs qu'on remplit pendant ces heures. Le matin, on perçoit dans les maisons des voix qui ne parlent plus quand une fois les heures du jour se succèdent dans leur marche accoutumée et que chacun s'est levé. On fait des rencontres qui vous intéressent au plus haut point. Lorsqu'on veille quand les autres dorment encore, on n'a pas seulement le plaisir de dire : Ils me doivent ce repos qu'ils ont maintenant ; ma mère se repose, parce que moi, sa fille, je suis levée. Mais aussi, dans le silence matinal, on rencontre les souvenirs, les esprits discrets des heures envolées.... La veille, il y avait du monde, maintenant les amis sont partis. Quelques feuilles de rose tombées par terre, ou n'importe quel détail, rappellent leur présence.

Les ancêtres, dont les portraits sont suspendus aux murs, ont d'autres expressions le matin que durant le reste de la journée. Il semble qu'ils vous parlent à vous tout seul. Et vous êtes vous-même un ancêtre, quand vous vous êtes levé le premier : vous êtes l'ancêtre de ceux qui sont encore couchés; vous êtes né avant eux dans cette journée. Ainsi de plus en plus vous comprenez les mystères du matin, les secrets de l'heure première des jours. Vous ouvrez votre fenêtre, et vous voyez dans la rue ces choses qu'on ne voit plus lorsque la journée est avancée. Vous saluez le travailleur matinal qui vient avant les autres; vous fraternisez en aurore avec ceux qui comme vous se sont levés. Voilà donc des devoirs simples et modestes qui deviennent très poétiques lorsqu'on les comprend.

Autre chose : les soins qu'on donne aux enfants. Il y a une foule de gens qui confient leurs enfants à d'autres pour les nettoyer, les laver, les frictionner, les promener, peut-être même pour les aimer. Ils ne jouissent pas de leur progéniture. Une maman se prive ainsi des plus grandes joies, du plaisir d'habiller elle-même son enfant, de le porter dans ses bras. J'en dis autant pour le papa, pour lequel ce doit être un bonheur de se faire cheval pour faire caracoler ce léger cavalier. De plus, jamais les soins des autres ne sont aussi scrupuleux que ceux des parents.

Ce n'est qu'en remplissant ces devoirs nous-mêmes que nous en connaissons la portée et que nous exerçons sur nos enfants l'action qui nous est confiée.

C'est un titre de gloire pour un vieux père auprès de son fils que de l'avoir très longtemps autrefois porté sur ses bras ou sur ses épaules, pour une mère d'avoir souvent joué un rôle de servitude volontaire auprès de ses enfants. On prouve ainsi qu'on les aime, et plus tard, quand ils sont en âge de comprendre, les souvenirs des soins qu'on leur a donnés sont autant de liens de famille.

Il ne suffit pas de s'aimer et de le dire en paroles, même vraies, car c'est de *l'amour en gros*; il faut le détail, la monnaie, car c'est là ce qui fait vivre les cœurs, qui se reposent sur ces preuves de bonté, d'amitié, d'affection. Ces preuves ne sauraient être soldées par un billet de mille et doivent être données une à une.

Vous savez toutes, Mesdames, ce qu'est la couture; moi, je ne le sais que vaguement. J'ai pourtant raccommodé jadis, étant collégien, ainsi que quelques amis, car nous trouvions que pour boucher des trous très petits, il fallait dépenser gros. C'est une ruine, pour de pauvres garçons qui n'ont que quelques francs en poche, qu'un accroc fait aux vêtements. Nous exécutions donc mutuellement les uns sur les autres les réparations qui nous étaient nécessaires. Sans doute, le travail que nous faisions ne nous eût pas été payé bien cher et n'était pas de nature à nous poser devant le client; mais c'étaient là des procédés de bonne amitié, d'abord, et ensuite, en se livrant à un travail de ce genre, lors même qu'on le ferait incomplètement, on apprend à mieux comprendre l'état d'âme de ceux dont c'est la profession. J'ai donc la plus grande sympathie pour les dames qui font de la couture, pour cette raison que j'ai, moi aussi, cousu autrefois. Il y a ainsi de petits événements qui marquent dans la vie et qu'on se rappelle toujours.

En fait de couture, on pourrait croire qu'il est plus poétique de faire du neuf, de beaux habits pour la fête prochaine. Détrompez-vous. J'ai beaucoup médité sur le raccommodage en général. Il m'est arrivé, plus tard, de recoudre des situations fortement décousues et d'aider à réparer de graves accrocs. J'ai raccommodé des esprits en aussi mauvais état que de pauvres vieux habits troués. L'homme ainsi maltraité par les intempéries de l'existence est quelquefois plus intéressant que celui qui vit dans la plus complète béatitude. Je m'intéresse donc aux vieux habits, et je trouve que les personnes qui les raccommodent font de bonnes œuvres; et quand ce sont des vêtements des membres de la famille, petits ou grands, la pensée de ceux qui les porteront ou les ont portés apporte une véritable beauté, une sorte de poésie dans ce travail si modéré.

J'ai été souvent bien touché en voyant, par les campagnes ou les faubourgs, des hommes dont la blouse ou la culotte ressemblait à une carte géographique où les départements étaient représentés par autant de morceaux d'étoffes de différentes couleurs. C'était le témoignage de la lutte vaillante d'une femme ou d'une fille économes contre l'usure du temps. Ces hommes portaient sur leur corps les preuves évidentes d'une des plus hautes vertus et des plus admirables vaillances que l'on peut montrer dans la vie. Au lustre somptueux du pardessus de fourrure qui sort tout neuf d'un magasin en vogue, je préfère la poésie du bourgeron usé, mais raccommodé par la femme, parce que celui-ci est embelli des nobles traces d'une âme héroïque.

Connaissez-vous le tableau si plein de sens sur lequel on représente une jeune fille cousant un bouton à un jeune homme? Ce tableau a pour titre : *A quoi tient l'amour?*

On y voit une jeune fille qui vient de coudre un bouton à la veste de son fiancé. Le bouton cousu, il y a un fil; la jeune fille va le couper, mais il tient encore. Ces deux personnages forment une allégorie saisissante : l'amour tient à un fil.

Sachez que les plus grands sentiments des hommes et les plus sacrés sont suspendus parfois, comme par un fil, à l'accomplissement de quelques petits devoirs humbles et modestes que l'on peut se rendre mutuellement, si l'on a du cœur et de la bonne volonté.

Quand on a cet esprit qui sait mettre de la poésie, dans les choses, qui répand la clarté dans les maisons, la gaieté dans les objets, dans le balai qu'on manie pour nettoyer, l'ouvrage à l'aiguille que l'on fait, etc., l'intérieur devient facilement agréable; les meubles, les bibelots soigneusement rangés évoquent mille souvenirs, et, quelque peu de valeur qu'ils aient en réalité, cela leur donne un prix inestimable à nos yeux. Je tiens beaucoup à ces reliques, et c'est ainsi que certains petits ouvrages très modestes faits en grosse laine par ma bonne vieille mère me sont chers, et quand je porte ces objets fabriqués pour moi, je me sens moins séparé d'elle.

Nous tous, hommes et femmes, devons saisir les occasions de remplir ces devoirs modestes qui marquent dans le souvenir et restent dans le patrimoine familial comme des éléments très précieux pour enseigner aux enfant à apprécier le dedans de la vie.

Nous tenons à la vie par des racines, comme les arbres. Or, vous savez que les arbres ont deux sortes de racines : il y en a de plus volumineuses et de plus importantes en apparence, ce sont les racines principales, au milieu desquelles s'en trouve quelquefois une qu'on appelle la *racine pivotante;* puis il y a d'autres racines qu'on appelle *radicelles* ou *chevelues,* parce qu'elles sont fines comme des cheveux; mais aucun arbre ne peut se passer de ses radicelles; il a beau avoir une superbe racine pivotante plongeant à 6 mètres de profondeur comme en ont les sapins; il a beau avoir de grandes racines horizontales, étendues comme un piédestal; pour porter à travers son écorce, son tronc et ses branches, jusqu'à la cime, le suc nourricier du sol, il lui faut ces minces petits organes qui sont les racines chevelues, pareilles à des myriades de petites bouches aspirant les sources de la vie.

Il y a aussi dans l'existence de ces mille petits riens semblables au chevelu des arbres. Très souvent les hommes se disent : A quoi servent ces petites machines-là? — Ce sont les devoirs humbles, les devoirs simples. Ils veulent les supprimer, ne gardant que le principal, les devoirs brillants. C'est ainsi que beaucoup de jeunes filles croient que leur mère leur donne un puéril conseil en voulant qu'elles s'intéressent à la cuisine, aux soins du petit frère ou de la petite sœur, etc. Elles considèrent comme inutiles ces sentiers solitaires où leur semblent cheminer les devoirs modestes, et dédaignent tout ce qui n'est pas la grande route royale sur laquelle roule le carrosse des devoirs des grands jours.

Il y a là une erreur immense. Si vous retranchez cela de votre existence, vous détruisez les racines chevelues de votre arbre, c'est-à-dire les organes mêmes de la vie ; vous vous condamnez à l'inanition morale. Voilà pourquoi il y a tant de gens qui vivent, et même vivent assez longtemps, dans le néant sonore et creux d'une existence qui n'a que les dehors brillants et manque de ces joies intimes dont nous parlions.

Avez-vous quelquefois réfléchi, en voyant sur les places publiques un mât de cocagne merveilleusement décoré pour captiver les regards de la foule, que cet arbre si joli n'a pas de racines, et que sa base se décomposera à l'humidité et pourrira ? C'est ce qui advient, à la longue, pour l'homme ou pour la femme qui ne remplissent pas ces devoirs modestes par lesquels on nourrit l'espérance, on soutient le cœur, on fortifie les liens des uns aux autres, bref, qui sont la condition d'une humanité complète et nous permettent de continuer à faire partie de la famille. Si nous négligeons ces devoirs, nous serons comme des mâts de cocagne, des arbres sans racines.

Il y a encore une autre raison pour laquelle les devoirs modestes sont non seulement poétiques et indispensables, mais d'une très grande portée sociale. D'où vient que dans la société humaine existent souvent de si étranges abîmes des uns aux autres, une si grande difficulté de se comprendre, et comme une division par castes? D'où vient que, tout en étant de la même famille, il semble qu'on ne soit pas de la même chair ni du même sang? C'est parce qu'on ne fraternise pas assez dans les devoirs modestes, élémentaires de la vie; c'est parce que trop de gens s'en libèrent. Ils ne payent pas ce qu'on pourrait appeler l'impôt de l'humilité humaine, et ce qui peut-être est un gage de notre grandeur. Ils essayent de s'élever au-dessus du niveau des autres, laissant derrière eux ces souvenirs de famille, ces liens trop modestes qui semblent ternir leur gloire. Plus fiers que leurs parents, ils ressemblent à ces filles d'ouvriers embourgeoisées qui ne veulent plus donner le bras à leur père dans la rue, parce qu'il n'est pas aussi distingué, aussi brillant que sa progéniture! C'est de là que vient la scission, le schisme néfaste de l'humanité; c'est parce qu'on n'a pas voulu comprendre la hauteur, la beauté et la grandeur des devoirs modestes.

Cette brève étude se rapporte à l'un des plus importants chapitres de l'art de vivre. Ce chapitre, la jeunesse a besoin de l'approfondir avant d'entrer dans la carrière, afin de pouvoir véritablement tirer de l'accomplissement scrupuleux et fidèle de ces devoirs modestes tous les trésors de bonheur et de félicité qu'ils renferment. Je me suis borné à introduire une matière sur laquelle j'ai l'espérance que s'exerceront vos réflexions. Elles vous conduiront sûrement à de belles trouvailles.

Charles Wagner.

TABLE DES MATIÈRES

Toulouse, Imp. DOULADOURE-PRIVAT, rue St-Rome, 39. — 7526